# 부동산
## 계약서의 기술

공인중개사 실무경험 노하우
# 부동산 계약서의 기술

| | |
|---|---|
| 초판 1쇄 인쇄 | 2024년 07월 22일 |
| 초판 1쇄 발행 | 2024년 08월 09일 |

| | |
|---|---|
| 신고번호 | 제313-2010-376호 |
| 등록번호 | 105-91-58839 |

| | |
|---|---|
| 지은이 | 정광주 |

| | |
|---|---|
| 발행처 | 보민출판사 |
| 발행인 | 김국환 |
| 기획 | 김선희 |
| 편집 | 박영수 |
| 디자인 | 김민정 |

| | | |
|---|---|---|
| ISBN | 979-11-6957-184-5 | 03320 |

| | |
|---|---|
| 주소 | 경기도 파주시 해올로 11, 우미린더퍼스트@ 상가 2동 109호 |
| 전화 | 070-8615-7449 |
| 사이트 | www.bominbook.com |

- 가격은 뒤표지에 있으며, 파본은 구입하신 서점에서 교환해드립니다.
- 이 책은 저작권법에 의하여 보호를 받는 저작물이므로 무단 전재와 복사를 금합니다.

공인중개사 실무경험 노하우

# 부동산
# 계약서의 기술

방구대장 정광주 지음

**공인중개사, 중개보조원, 부동산에 관심이 있는 일반인을 위하여
계약서 작성 전에 알아야 할 귀한 경험을 담았다.**

## 머리말

나는 일 욕심이 많은 사람이다. 내 일에서 다른 사람에게 지는 것을 싫어한다. 특히, 공인중개사로서 꼭 알아야 하는 내용을 명확하게 알고 일을 하고 싶다. 그래서 하나씩 공부하고 근거를 찾다 보니, 책까지 쓰게 되었다.

이 책 시리즈 1권, 「부동산 창업의 기술」에서는 나의 중개업 경험을 이야기했다. 창업결심, 창업준비, 업무개시, 폭풍 성장 단계, 방구대장 비법으로 단계를 나누어 설명하였다. 1권에서 다루지 못한 성장 단계의 공인중개사가 갖추어야 할 기술을 이번 2권으로 완성시켰다. 2권 「부동산 계약서의 기술」에서는 실무에서 필요한 지식과 그 지식의 근거와 출처가 어디인지 명확하게 하는 과정을 중점으로 기술하였다.

이 책은 계약업무에 있어서, 업무의 명확한 근거가 되어줄 책이다. 부동산중개업에 관심이 있는 분이라면 꼭 읽어보시라. 차원이 다른 지식 기반을 만들어줄 것이다.

보증금 3억, 월세가 2,500만 원인 상업시설을 중개한 경험이 있다. 계약 후 잔금까지는 9개월 걸렸다. 빈 땅에 설계도를 가지고 4층 주차타워를 지어서 임차목적물을 제공하는 계약이었다. 빈 땅을 놓고 설계도를 함께 그렸다. 현장에 먹줄을 놓아가며 상상을 구체화시켰다. 임차인은 늦어진 준공으로 인한 손해를 감수하셨다. 임대인도 준공을 맞추기 위해 불철주야 공사를 진행했다. 나는 양쪽을 왔다 갔다 하며, 진행상황을 설명하고, 양쪽의 입장을 대변하였다. 건축물의 사용승인을 얻고, 힘든 중개과정의 결실을 보았다.

일명 양타계약으로, 양쪽의 중개수수료만 5,000만 원을 받았다. 에누리 없이. 계약서도 완벽하게 작성했다. 공사일정이 늦어진 것은 있었지만, 유난히 길어진 장마와 태풍으로 여러 요인을 서로 잘 참작해 주었다.

드디어 마트의 오픈 날이 되었다. 나는 마트 직원용 조끼를 입고, 행사품목 수박 매대에 올랐다. 포항에서 매일 죽도시장을 누볐던 경험이 있지 않은가? 준비한 수박이 몇 팔레트였는지 모르겠다. 마트 내부에 가져다 놓은 수박 두 팔레트를, 손이 퉁퉁 부을 때까지 두드려 가면서 팔았다. 두 팔레트면 120개 정도 될 것이다. 120개 파는 데 2시간이 채 걸리지 않았다. **같은 수박인데 두드려서 골라 드리면 손님은 훨씬 기분 좋게 구매한다.**

물론 소리가 안 좋다고 못 파는 수박은 없다. 두드릴 때마다 소리가 다르니까. 어려웠지만 보람 있는 계약이었다. 대형 상업시설, 내가 할 수 있는 최고의 서비스는 일손을 돕는 것이라고 생각했다. 아무도 시키지 않았지만, 그렇게 하는 것이 도리라고 생각했다. 마트 사장님은 "저 인간이 왜 저러고 있냐?" 하는 듯 기분 좋게 웃어주셨다. 그렇게 기분 좋은 중개를 마무리했다.

그런데, 아뿔싸! 렌트프리 2개월이 지나고 마트 사장님께 연락이 왔다. "월세 2,500만 원에 부가세 별도 표시가 없으니 당연히 부가세 포함으로 월세를 보내겠다"라는 얘기를 하셨다. 아니 이게 무슨 일인가? 난 분명히 "부가세는 별도임" 특약이 있을 거라고 호언장담을 하고 계약서를 뒤져보았다. 하지만, 없었다. 누락이 된 것이다. 공사 기간에 벌어질 일들, 공사가 지연되면 대처해야 할 협의내용, 건물의 하자에 대비한 조항들, 임대차 기간 중 벌어질 일 등등 완벽한 특약을 썼다고 자부했는데, "부가세 별도"를 명시하지 않았다.

하늘이 노래졌다. 근거를 찾아야 한다. 9개월 동안 마트 사장님과의 통화녹음을 모두 뒤졌다. 분명 구두로 이야기했을 것이다. 통화녹음만 수십 시간이 되었다. 녹음파일에서 들리는 내 목소리는 징그럽게 앵앵거렸다. 없다. 녹음파일 어디에도, "부가세 별도"라는 음성이 없었다. 당연히 회의 테이블에 앉아서 얘기했을 것이다. 그렇지만, 근거가 없었다. 허둥지둥 다른 방법을 찾아보았다.

판례에는 "부가세 별도"라는 명시가 없는 경우 부가세 포함된 가격을 의미한다고 명확하게 명시하고 있었다. "부가세 별도"를 설명했던 근거를 찾기 위해서 임대인에게 찾아가 사정을 했다. 임대인 입장은 "당연히 부가세 별도지, 자네가 알아서 해결하게." 한마디로 잘라버렸다. 하늘이 노랗다. 그렇게 3~4일을 고민에 고민을 거듭했다. 작은 메모라도 없나, 뒤지고 또 뒤졌지만 찾을 수 없었다. 마트 사장님께 다시 찾아가 읍소했다.

"사장님, 솔직히 다 찾아봤는데 없네요. 그런데 계약과정에서 틀림없이 부가세 별도라는 내용을 말씀드린 것 같습니다."

죽어가는 내 얼굴을 보면서, 마트 사장님께서는 말씀하셨다.

"알았어요. 내가 다른 사람 같으면, 부가세 포함된 가격이라고 버틸 텐데, 정 사장한테는 못 그러겠네. 어떤 사람인지 아니까."

이렇게 말씀해주시면서 계약서를 내미셨다. 부가세 별도를 적으라고. 본인 스스로 도장을 찍어주셨다. 눈물이 날 것 같았다. 다시 생각해도 어이없는 실수였다. 왜 빠트렸을까? 내가 계약한 상가의 모든 계약서에는 빠짐없이 "부가세 별도"가 포함되어 있었다. 수십 개의 특약을 조율하면서 누락된 것 같다. 아쉬워해도 늦은 것이었다. 마트 사장님께는 큰 마음의 빚이 남았다.

이 책을 읽는 공인중개사는 "부가세 별도"라는 문구를 꼭 빠트리지 말기 바란다. 이 책을 읽고, 공인중개사의 업무에 명확한 근거와 강한 자신감을 가지길 바란다. 없던 자신감도 강하게 불어넣어 줄 책이다. 1권에서 자신감에 관해서 얘기한 내용이 있다. 정말 쉽게 불어넣는 방법을 알려주었다. 너무 쉬워 이게 "무슨 비법이야" 할 정도로 쉽다.

2권「부동산 계약서의 기술」에서는 공인중개사의 자신감을 더욱 단단하게 굳혀줄 전문성을 높이기 위한 내용을 담았다. 현장에서 좌충우돌 배우는 것도 좋지만, 나를 통해 간접경험을 쌓고 현장에 임하면 좋겠다.

 이 책은 당신의 시간과 비용을 절약해준다. 당신의 속도를 0 → 100까지 한방에 높여준다. 높은 가속도를 느껴보시라. 로켓 발사 준비완료!

2024년 7월

방구대장 **정광주**

# 목차

머리말 • 4

## 제1장. 계약의 기초와 가계약

01. 계약 자유의 원칙, 완벽한 계약의 기초 • 14
02. 가계약은 계약이다 • 18
03. 완벽한 가계약서 • 25
04. 계약당사자의 자격 • 28
05. 신분증 사본 제공, 사기의 공범 • 32
06. 서명, 날인, 지장(무인), 인감증명 • 36
07. 법인과 대리인 • 40
08. 외국인 • 46
09. 위변조 방지, 수정, 간인, 계인 • 49
10. 확인설명서 먼저? 계약서 먼저? • 54
11. 보증금의 보호 • 58

## 제2장. 확인설명서

01. 확인설명서의 근거자료 • 68
02. 건축물 도면의 요청 • 76
03. 기본 확인사항 • 80
04. 임대차확인사항 • 83
05. 토지에 관한 사항 • 90
06. 입지조건과 도로와의 관계 • 96
07. 관리비에 관한 사항 • 101

08. 비선호시설과 거래예정금액 등 • 104
09. 취득 시 부담할 조세의 종류 및 세율 • 107
10. 실제 권리관계 또는 공시되지 않은 물건의 권리사항 • 109
11. 시설물, 벽면, 바닥면, 도배, 환경조건 • 111
12. 현장안내자와 중개보수 • 115
13. 확인설명서의 완성 • 118

## 제3장. 계약서

01. 부동산의 표시 • 122
02. 목적 및 거래대금 • 126
03. 존속 기간, 초일산입 • 129
04. 용도변경 및 전대 • 133
05. 계약의 해지 • 137
06. 계약의 종료와 원상회복 • 141
07. 계약의 해제, 해약금, 계약금 • 145
08. 채무불이행과 손해배상 • 150
09. 소유권이전 등 동시이행 • 155
10. 제한물건 등의 소멸, 지방세 등 • 158
11. 중개와 관련된 내용 • 160

## 제4장. 특약의 정밀 기술

01. 특약을 우선 적용한다 • 168
02. 임대차 목적물의 사용 용도 • 171
03. 오피스텔 전입 금지조항 • 174
04. 단기임대차 • 178
05. 렌트프리 특약 • 181
06. 중도금 이후 인테리어 착수조항 • 184
07. 반려동물 • 187
08. 상당한 보상 및 보상의 약정 • 190
09. 단전·단수 특약 • 196

10. 조세전가 특약 • 198
11. 기업에서 사용하는 특약 • 202


[부록]
01. 헷갈리는 용어 • 210
02. 용도지역, 용도지구, 용도구역 • 231
03. 지가, 주택가, 건물가의 공시 • 242
04. 간이과세자의 부가가치세 • 247


맺음말 • 249

| 제1장 |

# 계약의 기초와 가계약

# 01

# 계약 자유의 원칙, 완벽한 계약의 기초

성장 단계부터는 개념적인 부분보다 명확한 근거를 가지고 창업의 기술을 알려주려 한다. 업무의 근거를 모른다면 자신감이 없어진다. 매사에 근거를 명확하게 하는 습관이 필요하다. 초보 시절은 누구에게나 있다. 모든 일에 걱정이 앞서지만, 이 시기에 기초를 다져놓으면 평생 실력이 탄탄한 중개사가 될 수 있다. 초보 공인중개사 시절에 기초와 기본을 다지지 않고 어물쩍 계약하는 습관을 들인다면, 계약이라는 업무는 불편함의 연속일 것이다. 계약에 대해서 확실하게 알고 넘어가자!

흔히, 구두계약도 계약이고, 쪽지에 메모를 한 계약도 계약이다. 전화로 녹취한 부분도 계약으로 본다. 대부분 알고 있을 것이다. 관습처럼 당연히 받아들여질 수 있는 부분이지만, 법적 근거는 명확하다. **계약 자유의 원칙**은 개인이 법의 제한을 벗어나지 않는 한, 자신의 의사에 따라 법률관계를 자유롭게 형성할 수 있는 권리를 의미한다. 이 원칙은 소유권 절대주의, 과실 책임주의와 함께 근대 민법의 3대 원칙 중 하나로 꼽힌다. 계약 자유의 원칙은 대한민국 민법에서 직접 명시되어 있지는 않지만, 여러 조항을 통해 간접적으로 규정되어 있다.

특히 민법 제105조와 제103조 이하의 규정들은 이 원칙을 전제로 하고 있으며, 계약에 관한 채권편 규정 또한 마찬가지이다. 또한, 대한민국 헌법 제10조에서는 개인의 행복추구권을 규정하고 있는데, 이는 개인의 법률관계에 관한 행동의 자유를 포함하며, 이러한 행동의 자유가 사적 자치, 즉 법률행위의 자유를 의미한다.

| 대한민국 헌법 |
| --- |
| **제10조**<br>모든 국민은 인간으로서의 존엄과 가치를 가지며, 행복을 추구할 권리를 가진다. **국가는 개인이 가지는 불가침의 기본적 인권을 확인하고 이를 보장할 의무**를 진다. |
| 민법 |
| **제105조(임의규정)**<br>**법률행위의 당사자가 법령 중의 선량한 풍속 기타 사회 질서에 관계 없는 규정과 다른 의사를 표시한 때에는 그 의사에 의한다.** |
| **제103조(반사회질서의 법률행위)**<br>선량한 풍속 기타 사회 질서에 위반한 사항을 내용으로 하는 법률행위는 무효로 한다. |

그렇다면, 우리 중개사는 계약서를 왜 쓰는가? 정답! 법에서, 거래계약서를 작성하라고 명시했기 때문에 쓰는 것이다. 아울러 공인중개사법 시행령에는 거래계약서의 기재사항을 명시하고 있다. 너무 당연

한 이야기이지만, 법적 기본을 한 번쯤 확인해보자. 법적 근거를 갖추고 업무를 할 때 나오는 자신감은 관습과 습관으로 업무를 할 때와 비교할 수 없다.

### 공인중개사법 제26조(거래계약서의 작성 등)

① 개업공인중개사는 중개대상물에 관하여 **중개가 완성된 때에는 대통령령으로** 정하는 바에 따라 **거래계약서를 작성**하여 거래당사자에게 내주고 대통령령으로 정하는 기간 동안 그 원본, 사본 또는 전자문서를 보존하여야 한다. 다만, 거래계약서가 공인전자문서센터에 보관된 경우에는 그러하지 아니하다.
② 제25조 제4항의 규정은 제1항에 따른 거래계약서의 작성에 관하여 이를 준용한다.
☞ 개업공인중개사의 서명 날인+소속공인중개사가 있는 경우 함께 서명 날인

③ 개업공인중개사는 제1항에 따라 거래계약서를 작성하는 때에는 거래금액 등 거래내용을 거짓으로 기재하거나 서로 다른 둘 이상의 거래계약서를 작성하여서는 아니 된다.

### 공인중개사법 시행령 제22조(거래계약서 등)

① 법 제26조 제1항의 규정에 따른 거래계약서에는 다음 각 호의 사항을 기재하여야 한다.
1. 거래당사자의 인적사항
2. 물건의 표시
3. 계약일
4. 거래금액·계약금액 및 그 지급일자 등 지급에 관한 사항
5. 물건의 인도일시
6. 권리이전의 내용
7. 계약의 조건이나 기한이 있는 경우에는 그 조건 또는 기한
8. 중개대상물 확인·설명서 교부일자
9. 그 밖의 약정내용

② 법 제26조 제1항에서 "대통령령이 정하는 기간"이라 함은 5년을 말한다.
③ 국토교통부장관은 개업공인중개사가 작성하는 거래계약서의 **표준이 되는 서식**을 정하여 그 사용을 **권장**할 수 있다.

만약, 급하게 수기로 중개 거래계약서를 작성해야 한다면, 급하게 문자메시지로, 전화통화로 원격계약을 진행해야 하는 경우, 앞의 1~8번과 9번이 명시된 계약서를 작성하면 된다. 그리고, 공인중개사의 서명 및 날인과 거래당사자의 서명 또는 날인이 명시된다면, 공인중개사가 작성한 적법한 거래계약서가 된다. 실제 업무에서는 1~8번이 모두 계약서의 양식에 포함되어 있기 때문에, 우리는 평소 하던 것처럼 업무를 하는 것뿐이다.

조금 번거롭고 딱딱하게 느껴지는가? 앞의 거래계약서 기재사항을 염두에 두지 않았던 중개사라면 내가 얘기했던 부분들이 경직되게 느껴질 수도 있을 것 같다. 하지만 반대로 처음 업무를 하시는 분이라면, 앞의 기재사항을 염두에 두고 업무를 시작하면 된다. 어려운 내용이 아닌 자연스러운 절차가 될 것이다. 계약서편에서 더욱 자세히 다루면서 실력을 쌓자.

# 02

# 가계약은 계약이다

실무에서 가계약은 정말 유용하게 활용된다. 중개사의 보수는 계약서를 작성해야 발생하고, 중개 거래계약서를 작성하기 전의 단계가 가계약의 단계이다. 가계약이라는 행위에 대한 법적 성질을 살펴보고, 실무에서 어떻게 적용해야 될지 고민해보자.

**가계약은 두 가지 관점**으로 바라볼 수 있다. ① **가계약금을 계약금의 일부로 보는 경우**, 즉 부동산 거래계약이 성립된 경우로 보고 거래계약서의 작성교부 등의 절차만 남은 상태. ①의 가계약금은 계약금 일부의 성질을 가진다. ② **장래의 본 계약을 체결하기로 합의가 되었지만, 거래계약의 중요 부분의 합의가 이루어지지 않은 상태에서 세부사항을 나중에 합의하는 것.** 계약 교섭일까지 우선협상의 대상의 지위를 부여하는 것이다. ②의 가계약금은 계약 교섭을 위한 증거금의 성격을 갖는 것. 공인중개사는 이러한 두 가지 관점의 가계약을 실무에서 적절히 사용할 수 있어야 한다. 이해하기 쉽도록 다음 표로 정리해보았다.

| 구분 | 가계약 ① | 가계약 ② | 본계약 |
|---|---|---|---|
| 가계약금의 성질 | 계약금의 일부 | 계약 체결을 위한 약정금 | 계약금으로 전환 |
| 법률행위 | 거래계약의 체결 | 거래계약 중요 부분의 당사자 간 합의가 필요 당사자 간의 미완성 | ① 구체적 명문화, 문서화 ② 거래계약의 체결 |
| 중개업무 | 중개의 과정 | 중개의 과정 | 중개의 완성 (확인설명서, 공제증서 교부) |
| 실거래 신고 기준일 | 가계약금의 지급일 | 거래계약의 체결일 | |
| 주요 판례 | 대법원 2006. 11. 24. 선고 2005다39594 | 대법원 2021. 9. 30. 선고 2021다248312<br><br>창원지방법원 2016. 8. 16. 선고 2016구단101 | 법령해석 부산 남구청 안건번호 10-0149 회신일자 2010-06-04 |
| 거래계약의 체결일 | "**거래계약의 체결일**"이란 거래당사자가 구체적으로 특정되고, 거래목적물 및 거래대금 등 **거래계약의 중요 부분에 대하여 거래당사자가 합의한 날**을 말합니다. 이 경우 합의와 더불어 계약금의 전부 또는 **일부를 지급한 경우에는 그 지급일을 거래계약의 체결일**로 보되, 합의한 날이 계약금의 전부 또는 일부를 지급한 날보다 앞서는 것이 서면 등을 통해 인정되는 경우에는 합의한 날을 거래계약의 체결일로 봅니다(부동산 거래신고 등에 관한 법률 시행규칙[별지 제1호 서식]). | | |

먼저, ① **계약의 성립이 완료되었고, 계약금의 일부만 지급한 상황**

을 살펴보자. 이 상황에서는 계약조건의 변경이나 철회가 매우 어렵다. 일방이 합의된 조건을 이행하지 않으면 계약 해지의 사유가 된다. 계약조건을 명확하게 기록하고, 당사자가 계약내용에 동의한 것에 관한 확인이 필요하다. 공인중개사 업무에서는 **계약서 및 확인설명서의 작성교부를 위한 절차가 남아 있다.**

---

**민법**

**제565조(해약금)**
① 매매의 당사자 일방이 계약 당시에 금전 기타 물건을 계약금, 보증금 등의 명목으로 상대방에게 교부한 때에는 당사자 간에 다른 약정이 없는 한 당사자의 일방이 이행에 착수할 때까지 교부자는 이를 포기하고 수령자는 그 배액을 상환하여 매매계약을 해제할 수 있다.
② 제551조의 규정은 전항의 경우에 이를 적용하지 아니한다.

**제567조(유상계약에의 준용)**
본 절의 규정은 매매 이외의 유상계약에 준용한다. 그러나 그 계약의 성질이 이를 허용하지 아니하는 때에는 그러하지 아니하다.

---

①의 가계약금은 계약금의 일부가 된다. 계약금을 지급했다면, 그 계약금은 해약금으로 추정된다. 가계약서의 양식이지만, 실제 계약의 주요 내용이 모두 포함되어 있으므로 계약으로 간주될 수 있다. 계약으로 간주될 경우의 해약금은 "실제 교부받은 계약금"이 아니라 "약정계약금"이라고 봄이 타당하다는 판례가 있다. 그러므로 가계약서를 작성하여 내줄 때는 **반드시, 해약금, 위약금에 대한 범위를 명시해 둘 필요가 있다. 예를 들면, "가계약금은 해약금 및 위약금으로 본다."**

예를 들면, 매매 10억, 계약금 1억, 계약금의 일부 1,000만 원을 송금한 상황. 다음날, 매도인이 해약금 해제를 위해 배액을 상환하려고 하는데, 교부받은 1,000만 원의 배액이 아닌 약정 계약금 1억 원의 배액을 반환해야 하는 경우가 생길 수 있다.

대법원 2015. 4. 23. 선고 2014다231378 판결 [손해배상(기)]
**매도인이 "계약금 일부만 지급된 경우 지급받은 금원의 배액을 상환하고 매매계약을 해제할 수 있다"고 주장한 사안에서, 매도인이 계약금의 일부로서 지급받은 금원의 배액을 상환하는 것으로는 매매계약을 해제할 수 없다고 한 사례**

명시적인 계약 또는 가계약금을 해약금으로 하기로 하는 약정이 따로 없는 경우, **가계약금을 해약금이라고 볼 수 없다**는 판결이 있다. 예를 들어, "가계약금 100만 원 보낼게요. 내일 만나서 계약합시다"라고 약속한 후 송금을 하였다면, 명시적인 계약이 없고, 해약금 약정이 없으므로 계약금을 몰취할 수 없다는 대법원의 판결이다. 판례에서는 아파트 계약금 300만 원 지급 후, 개인적 사정 때문에 가계약금의 반환을 구하는 소송이었다. 공인중개사로서 **가계약금은 해약금으로 한다**는 명시가 필요하다는 것을 유념해야 한다.

### 대법원 2022. 9. 29. 선고 2022다247187 판결
### [임차보증가계약금반환]
가계약금에 관하여 해약금 약정이 있었다고 인정하기 위해서는 약정의 내용, 계약이 이루어지게 된 동기와 경위, 당사자가 계약으로 달성하려고 하는 목적과 진정한 의사, 거래의 관행 등에 비추어 정식으로 계약을 체결하기 전까지 교부자는 이를 포기하고, 수령자는 그 배액을 상환하여 계약을 체결하지 않기로 약정하였음이 명백하게 인정되어야 한다.

② 장래의 계약을 체결하기 위한 전 단계의 계약에 대해서 알아보자. 공인중개사는 구체적 사안의 결정이 없는 상태에서 최대한 협상을 끌어내기 위한 가계약금을 제안할 수 있다. 실제로 계약 체결이 안 되면 반환해줄 테니, 가계약금이라도 입금하고 협의를 하자고 하는 매도인도 있다. **매수인의 진의를 파악하는 데 사용되는 적절한 방법이다.**

예를 들면, 매도인은 위반건축물의 철거 없이 그대로 매매하기를 원하고, 매수인은 위반건축물이 철거된 깨끗한 건물을 매입하기를 원한다. 비용의 판단, 행위 주체의 협의 등 세세한 조율이 남아 있다. 이 부분에서 협의가 이루어지지 않아, 본 계약이 어긋날 수도 있다. 이때 가계약금의 반환에 관한 내용을 포함하여야 한다.

"가계약금은 ○○년 ○○월 ○○일까지 우선 협상을 위한 약정금으로 본다. 계약의 체결이 이루어질 경우, 계약금 일부로 전환하고 계약의 체결이 이루어지지 않으면, 지체 없이 반환하기로 한다."

이렇게 명시 후, 쌍방이 충분한 자료와 검토를 거쳐 계약에 이르게 할 수 있다.

계약이든 가계약이든, 그 후의 일방의 마음에 약간 동요가 생긴다면, 그 불똥은 공인중개사를 향하는 경우가 많다. ①의 가계약인 경우, 거래계약의 성립이 이루어진 만큼 가계약금 송금 전 확인설명서에 준하는 확인설명 의무를 이행해야 한다. ②의 가계약인 경우, 거래쌍방의 의사 합치에 도달을 위해 중개사의 객관적 거래제안과 의사합치를 위한 윤활 역할이 필요하다.

### 창원지방법원 2016. 8. 16. 선고
### 2016구단101

가계약의 체결 단계에서 확인설명서를 작성 교부하지 않은 중개사에게 등록관청에서 과태료를 부과하였다. 지방법원은 공인중개사에게 확인설명서 교부의무가 아직 발생하지 않았다고, 과태료 처분을 위법하다고 판결하였다.

공인중개사법 제25조 제3항은 개업공인중개사는 중개가 완성되어 거래계약서를 작성하는 때에는 중개대상물의 상태, 입지, 권리관계 등 제25조 제1항 각 호의 확인·설명 사항을 대통령령이 정하는 바에 따라 **서면으로 작성하여 거래당사자에게 교부하여야 한다고 규정**하고 있으므로, 이와 같은 개업공인중개사의 **중개대상물 확인·설명서 교부의무는 중개가 완성된 때에 발생**하는 것이고, 여기서 중개가 완성된 때라 함은 개업공인중개사가 중개대상물에 대한 거래를 알선하여 거래당사자 사이에 그 거래의 주요 사항에 관하여 구체적인 의사의 합치가 이루어진 때를 의미하는 것으로 볼 수 있다.

그런데 부동산 임대차 계약에서의 임대차 기간은 임대차 계약의 성격에 비추어 임대차 보증금 등과 함께 계약의 본질적인 내용이 되는 주요 사항으로 보이는 점, 원고의 이 사건 중개 당시 임대인 A가 원고에게 임대차 기간, **부동산 인도일 등에 관하여는 추후에 임차인을 직접 만나서 정하겠다는 의사를 표명하였을 뿐, A와 임차인 B 사이에 임대차 기간에 관하여 구체적인 의사의 합치가 이루어진 바 없는 점** 등에 비추어보면, 원고가 B로 하여금 A의 예금계좌로 계약금 50만 원을 송금하게 하고 B에게 이 사건 계약서를 교부하였다는 사정만으로 원고의 이 사건 중개가 공인중개사법 제25조 제3항의 중개가 완성된 때에 이르렀다고 할 수는 없으므로, 이 사건 중개와 관련하여 원고에게 중개대상물 확인·설명서 교부의무가 발생하였다고 볼 수는 없다. 따라서 이 사건 중개와 관련하여 원고에게 중개대상물 확인·설명서 교부의무가 발생하였음을 전제로 한 **이 사건처분은 위법**하다.

# 03
# 완벽한 가계약서

가계약에 대한 의미를 충분히 이해했다. 그렇다면 가계약서를 직접 활용해보자. 내가 사용하고 있는 양식을 보며 각각의 의미를 이해하자. 가장 중요한 핵심은 아래와 같다.

① 가계약금은 해약금 및 위약금으로 간주함을 명시

② 가계약금은 공인중개사가 수령하는 것이 아닌, 임대인(매도인)이 수령하는 것이다. 가계약금 입금 전, 계약의 내용을 전화통화 및 문자메시지로 확인한다. 계약금의 계좌이체를 하였다면, 수령자에게 이를 확인하고, 임대인(매도인)을 대리하여, 영수증을 교부한다. **거래당사자 간의 법률행위(계약)가 성립된 것이다. 공인중개사의 계약서 작성교부, 확인설명서 교부 등의 사실행위가 남은 것.**

③ 가계약은 계약이다. 공인중개사에게 확인설명 의무가 있는 부분들은 반드시 확인설명 후, 가계약금을 송금하게 한다. 건축물대장, 등기사항증명서, 거래목적물의 상태 및 현황, 주요 특약 및 거래조건을 명시하여 가계약을 체결한다.

④ 본계약의 구체적 일정을 약속한다. 빠른 시일 내에 전체 계약금을 지불하고 계약서를 작성, 교부하여야 한다. 가계약금 송금 후, 일주일 내에 계약 일정을 약속하자. 가계약 체결하고 한 달 후에 본계약을 체결한다면, 중간 중간 우여곡절이 생길 것이다.

⑤ 가계약금은 소액일수록 편리하다. 소액이라 해서 5만 원, 10만 원을 말하는 것은 아니다. 통상 계약금을 거래대금의 10%라고 할 때, 가계약금은 2~3%의 범위로 설정하는 것이 좋다. 단, 가계약금이 소액일수록 그 담보 기간이 짧아진다. 최대한 빠른 시간에 본계약을 체결해야 한다는 뜻. 그런 의미에서 소액일수록 편리하다는 것이다.

---

**영수증**

본 영수증은 부동산 임대차 계약에 있어서, 거래당사자의 참석, 계약금 준비 등의 사유로 즉시 계약서 및 확인설명서 작성·교부가 불가능함에 따라, 현재까지 쌍방의 협의내용을 "미리내부동산중개"에서 확인 작성하고, 계약금의 일부를 지급하여, 장래의 부동산 임대차 계약 체결 및 이행을 약속하는 가계약금에 대한 영수증임

## 1. 부동산의 표시/계약내용

| 소재지 | 서울특별시 | | |
|---|---|---|---|
| 임대할 부분 | | 면적 | |
| 보증금 | 金 | 차임 | |
| 관리비 | 金          (비목내역        ) | | |
| 존속 기간 |   .   . ~   .   . 까지 (    개월) | | |
| 옵션 | | | |
| 주요 특약 | | | |

## 2. 계약서 및 확인설명서 작성 · 교부에 관한 사항

| 계약일시 |   .   .   . | 장소 | 미리내부동산중개<br>(강남구 삼성로81길 39, 2층) |
|---|---|---|---|

## 3. 임대인에 관한 사항

| 임대인 | 성명 : | | |
|---|---|---|---|
| 지급계좌 | 은행 : | 계좌번호 : | 예금주 : |

## 4. 임차인 및 가계약금에 관한 사항

| 임차인 | 성명 :<br>전화번호 : | 주소 :<br>주민등록번호 : |
|---|---|---|
| 가계약금 | 등기사항전부증명서(등기부등본) 및 건축물대장을 확인 · 교부받고, 예정된 계약 체결내용을 확인하고, 임대인에게 가계약금 金 _____ 원을 송금함 | |

가계약금은 해약금 및 위약금으로 간주합니다. 임대인은 가계약금의 배액을 상환하고, 임차인은 가계약금을 포기하고 본계약을 해제할 수 있습니다. 계약일시의 변경이 필요한 경우, 사전에 협의를 구하고, 쌍방의 동의하에 계약일시를 변경할 수 있습니다.

5. 위 내용을 확인하고, 임대인을 대리하여 가계약금의 영수증을 교부합니다(**수령 여부 통화 확인**).
미리내부동산중개(등록번호 제11680-2014-20001호)/강남구 삼성로81길 39, 2층/
대표 정광주 (인)

6. 위 내용을 확인하고, 계약금을 지정된 계좌로 지불합니다.
임차인 성명                    (서명 또는 인)

# 04

# 계약당사자의 자격

공인중개사로서 민법의 제1~5조는 꼭 알고 가자.

| 민법, 1편 총칙, 1장 통칙 |
|---|
| **제1조(법원)**<br>민사에 관하여 법률에 규정이 없으면 관습법에 의하고 관습법이 없으면 조리에 의한다.<br><br>**제2조(신의성실)**<br>① 권리의 행사와 의무의 이행은 신의에 좇아 성실히 하여야 한다.<br>② 권리는 남용하지 못한다. |
| 민법, 1편 총칙, 2장 인, 1절 능력 |
| **제3조(권리능력의 존속 기간)** 사람은 생존한 동안 권리와 의무의 주체가 된다.<br>**제4조(성년)** 사람은 19세로 성년에 이르게 된다.<br>**제5조(미성년자의 능력)**<br>① 미성년자가 법률행위를 함에는 법정대리인의 동의를 얻어야 한다. 그러나 권리만을 얻거나 의무만을 면하는 행위는 그러하지 아니하다.<br>② 전항의 규정에 위반한 행위는 취소할 수 있다.<br><br>**제911조 (미성년자인 자의 법정대리인)**<br>친권을 행사하는 **부 또는 모는 미성년자인 자의 법정대리인**이 된다.<br><br>**제826조의2(성년의제)**<br>미성년자가 혼인을 한 때에는 성년자로 본다. |

민법에서 가장 먼저 이야기했듯이, 민법에 없으면 관습법에 의하고, 관습법이 없으면 조리에 의한다고 한다. 민사관계에 분쟁이 생겼을 때 적용될 수 있는 법규의 범위와 순서를 정한 것을 "법원"이라고 한다. 법원에는 "성문법"과 "불문법"이 있다. "성문법"은 문자로 표시되고 일정한 형식 및 절차에 따라 제정된 법을 말한다. 우리가 사용하는 법은 성문법이다. "불문법"은 성문법이 아닌 법을 말하며 관습법, 조리, 판례 등이 있다.

권리의 행사든, 의무의 이행이든 신의를 좇아 성실히 하여야 한다. 권리는 남용하지 못한다. 민법 제2조의 신의성실은 다양한 판례에서 자주 등장한다. 당사자 간의 다툼과 이해관계가 있다고 하더라도 신의성실이라는 원칙을 지켜야 한다는 추상적인 내용을 명시해 놓았다. 모든 이해관계와 모든 상황을 법으로 명문화할 수 없으므로 일반적인 표현이지만 법률에 포함되었다. 특히 ② 권리를 남용할 수 없도록 별도로 명시하였다.

그렇다면 계약의 당사자가 되는 사람을 보자. 사람은 생존하는 동안 권리와 의무의 주체가 된다. 사람은 생존한 동안 법률행위의 능력을 가진다. 다만, 미성년자의 법률행위는 법정대리인의 동의를 얻어야 한다. 권리만을 얻거나 의무만을 면하는 행위는 법정대리인의 동의 없이 법률행위를 할 수 있다. 미성년자와 권리 의무를 주고받는 법률행위(계약)를 할 때, 법정대리인의 동의가 없다면, 미성년자의 법률행위는 취소할 수 있다는 부담을 알고 있어야 한다.

19세가 되기 전에는 미성년자이다. 19세는 만 19세를 말한다. 과거 한국식 나이로 20살 생일이 지나지 않았다면 만 18세 ○○개월이 된다. 아직 미성년자이다. 친권을 행사하는 부 또는 모는 미성년자의 법정대리인이 된다. 미성년자지만 혼인을 한 경우에는 성년자로 본다.

---

**민법, 1편 총칙, 2장 법인, 1절 총칙**

**제31조(법인성립의 준칙)**
법인은 법률의 규정에 의함이 아니면 성립하지 못한다.

**제32조(비영리법인의 설립과 허가)**
학술, 종교, 자선, 기예, 사교 기타 영리 아닌 사업을 목적으로 하는 사단 또는 재단은 주무관청의 허가를 얻어 이를 법인으로 할 수 있다.

**제33조(법인설립의 등기)**
법인은 그 주된 사무소의 소재지에서 설립등기를 함으로써 성립한다.

**제34조(법인의 권리능력)**
법인은 법률의 규정에 좇아 **정관으로 정한 목적의 범위 내에서 권리와 의무의 주체**가 된다.

**제35조(법인의 불법행위능력)**
① 법인은 이사 기타 대표자가 그 직무에 관하여 타인에게 가한 손해를 배상할 책임이 있다. 이사 기타 대표자는 이로 인하여 자기의 손해배상책임을 면하지 못한다.
② 법인의 목적 범위 외의 행위로 인하여 타인에게 손해를 가한 때에는 그 사항의 의결에 찬성하거나 그 의결을 집행한 사원, 이사 및 기타 대표자가 연대하여 배상하여야 한다.

---

이제는 법인을 보자. 법인은 법률규정에 따라 성립등기를 함으로써 탄생한 "인"이다. 사람이 아니다. 정관으로 정한 목적 범위 내에서 권리와 의무의 주체가 된다. 법인은 사람만 가질 수 있는 권리를 누릴

수 없다. 다시 말하면, 생명권, 친권, 상속권 등의 주체는 될 수 없다. 그러나 재산권, 명예권, 성명권, 신용권 및 유증의 권리를 가질 수 있다. 이렇듯, 법률행위(계약)의 당사자가 될 수 있는 주체는 사람(개인)과 설립등기로 출생신고를 마친 법인이 된다.

# 05

# 신분증 사본 제공, 사기의 공범

신분증 제도는 우리나라에서 매우 중요하게 사용된다. 주요 은행 업무를 할 때마다 신분증은 꼭 필요하다. 자격증 시험에 응시할 때에도 신분증 확인은 필수이다. 병원 진료 시에도 신분증이 필요하다. 술과 담배를 구매할 때에도 신분증을 요구한다. 우리나라에서 이렇게 신분증이 널리 쓰이는 이유, 주의사항, 적용방법을 알아보자.

**우리나라의 행정기관에서 발행하는 신분증은 3가지이다. 주민등록증, 운전면허증, 여권!** 운전면허증과 여권은 개인의 신청에 의해 발급되고, 주민등록증은 주민등록법에 따라 만 17세에 발급받아야 한다. 주민등록증을 분실하였을 때, 주민등록증발급신청확인서를 우선 발급하며, 발급일로부터 1개월까지는 주민등록증과 같은 효력을 발휘한다. 위의 3가지 이외에도 국가유공자증, 장애인등록증도 내국인의 신분증으로 활용된다. 외국인은 외국인등록증.

주민등록증의 진위확인은 정부24 홈페이지에서 가능하다. 전화자동응답시스템(1382, ARS)으로도 주민등록증의 진위를 확인할 수 있다. 주민등록번호와 발급일자를 입력하면 확인된다. 단, 진위확인 서비스를 이용하였을 경우, **기존 발급된 주민등록증에 사진을 변조하는 행위를 감지할 수 없다.** 진위확인 서비스 및 위변조 육안점검을 병행하여야 한다.

> **사건 사례**
> 월세 임차인이 신분증을 위조하여 임대인 행세를 하였다. 위조된 신분증은 임대인의 신분증의 정보와 같은 정보를 입력하고, 사진만 자신의 사진으로 바꾸었다. 은행에서 계좌개설이 가능했고, 등기부등본을 열람하더라도 신분증의 이름과 주민등록번호가 정확히 일치했다. 당연히 보증금도 신분증 위조로 만든 계좌로 입금되었다. 이 수법으로 약 30억 원의 전세금을 가로챘다.

위의 사건 사례처럼, 신분증 발급일자와 발급기관에 대한 정보를 노출하게 되면 위조사건의 빌미를 제공한다. 자신도 모르는 사이에 공범이 될 수 있다. 공인중개사의 업무에 있어서, 계약의 안전성을 담보하려는 의도로 계약당사자 상호 간의 신분증 사본을 첨부하는 경우가 가끔 있다, 신분증 사본을 제공하면 안 된다. 신분증은 당사자 간의 확인으로 족하다.

공인중개사 역시 꼼짝없이 당할 수밖에 없었다. 공인중개사가 왜 등기권리증을 확인하지 않느냐고 기자가 질문을 던졌다. 당연히 임대차 계약에 등기권리증을 가지고 오는 임대인은 없다고 공인중개사는 항변했다. 실제, 등기권리증은 등기사항 증명서에 한 장의 등기필 정보를 덧붙인 것이다. 주민등록증을 위조하는데, 등기필 정보의 위조 역시 너무나 쉽다. A4 한 장 깔끔하게 출력해서 법원 스티커 만들어서 붙이면 끝이다.

운전면허증의 진위확인은 경찰청 교통민원24 홈페이지에서 확인한다. **이 역시 입력한 운전면허증의 면허번호, 식별번호, 생년월일이 일치하는지에 대한 결과만 제공한다.** 여권정보 진위확인 서비스 역시, 정부24 홈페이지에서 가능하다. 성명, 여권번호, 발급일, 만료일, 생년월일의 일치 여부를 확인해준다.

우리나라에서는 신분증이 그 사람의 신분을 보증하고 증명한다. 주민등록증의 사용은 우리나라 국민 전체에 번호를 부여하였고, 신분증 발급과 사용이 당연하게 받아들여지게 했다. 우리나라처럼 전 국민에게 번호를 부여하고, 그 번호를 모든 사회 영역에서 사용하는 국가는 의외로 드물다. 권위주의 국가여도 인적사항 정도만 기록하면 충분하지 번호를 부여한다는 생각은 별로 하지 않는다.

많은 국가에서는 주민등록번호와 같은 범용 일련번호를 사용하는 것보다 출생연월일, 출생지와 더불어 필요한 경우에 사회보장번호와 같은 목적성 번호를 부여하고 사용한다. 주민등록번호의 부여가 국민의 자유권을 침해하고 간섭한다는 취지로 바라본다. 국가의 통치보다 국민 개개인의 자유가 우선한다고 생각한다.

이러한 신분증 제도로 인해 신분증을 신뢰할 수밖에 없고, 신분증

위조에 속수무책으로 당할 수밖에 없다. 거래를 담보하기 위해서는 신분증을 뛰어넘는 실질적인 당사자 증명이 필요할지도 모르겠다. 공인중개사의 역할이 더욱 커져야 한다.

### 서울중앙지법 2013가합38980 판례

위조 신분증에 속아 타인 발급 인감증명서를 발행한 지자체에 손해배상을 청구한 사건이다. 판결에서 통상적인 인감증명서 발급 담당 공무원에게 사진과 실제 신청인의 외모가 현저하게 다른 경우가 아니라 약간의 차이가 있는 경우에도, 반드시 동일인인지 의심하고 무인(지장)을 비교하는 식으로 확인할 것까지 기대하기는 어렵다고 지자체의 책임이 없다고 판결했다.

모바일 신분증은 카드 신분증의 위변조 단점을 보완한다. 행정안전부는 모바일 운전면허증을 이용하고 있으며, 추후 주민등록증까지 확대 예정이다. 모바일 신분증 역시 금융, 관공서, 신원확인 등 모든 영역에서 사용할 수 있다. 안전한 신분증이 자리 잡을 때까지 공인중개사로서 당사자 확인을 신분증에만 의존하면 안 된다는 것도 염두에 두자.

---

**신분증 확인을 넘어선 신원확인**

현재로서는 사기꾼이 마음먹고 작정하면 **모든 서류를 위조할 수 있다.** 위조된 신분증으로 발급하면 그만이다. 휴대폰, 은행계좌, 임대인 제출서류, 등기권리증까지 가능하다. 큰 액수의 전세보증금 수령을 위해서는 본인 발급 인감증명서를 발급받아 신분확인에 보조하는 것이 좋다. 본인이 발급한 인감증명서는 지문인식이 필요해서 위조가 가장 어려운 것으로 여겨진다. 인감증명서 역시 정부24에 접속하여 인감증명 발급 사실확인을 할 수 있다. 발급기관, 발급일자, 주민번호, 확인용 발급번호를 입력하면 발급 사실을 확인할 수 있다.

# 06

# 서명, 날인, 지장(무인), 인감증명

계약을 체결할 때는 계약당사자의 진의를 확인할 수 있는 서명 또는 날인이 필요하다. 둘 다 해도 좋다. 공인중개사는 서명과 날인을 모두 하여야 하는 의무가 있다. 자격의 대여행위를 금지하는 취지에서 서명과 날인을 모두 하도록 법률에 명시되어 있다.

| 공인중개사법 |
|---|
| **제25조(중개대상물의 확인·설명)**<br>④ 제3항에 따른 확인·설명서에는 개업공인중개사(법인인 경우에는 대표자를 말하며, 법인에 분사무소가 설치되어 있는 경우에는 분사무소의 책임자를 말한다)가 **서명 및 날인**하되, 해당 중개행위를 한 소속공인중개사가 있는 경우에는 **소속공인중개사가 함께 서명 및 날인**하여야 한다.<br><br>**제26조(거래계약서의 작성 등)**<br>② 제25조 제4항의 규정은 제1항에 따른 **거래계약서의 작성에 관하여 이를 준용**한다. |

계약 체결할 때의 공인중개사 신분증은 확인하지 않는다. 개설등

록증의 게시의무로 신분증을 대신한다. 아울러 개설등록증에는 등록인장을 날인하였다. 공인중개사 업무의 인감과 같은 효과이다. 공인중개사는 서명과 등록 인장의 날인으로 공인중개사의 중개 거래의 책임을 명확하게 한다. 거래당사자인 개인은 서명이든, 도장이든, 인감도장이든, 지장이든 상관없다. 당사자의 명확한 신원확인과 명확한 의사표시의 행동으로 계약을 체결할 수 있다. 그래서 통상 "서명"이나 "도장"을 사용하는 것이다.

"지장(指掌)"은 "무인(拇印)"이라고도 한다. 손가락에 인주를 묻혀 그 지문(指紋)을 찍는 것이다. "기명날인(記名捺印)"은 자기 이름을 쓰고 도장을 찍는 것을 의미한다. "서명(署名)"은 자기의 이름을 써놓는 것으로 법률 본인 고유의 필체로 자신의 이름을 제3자가 알아볼 수 있도록 쓰는 것을 말한다.

서명, 날인, 무인의 효력은 계약 자유의 원칙에 따라 각자의 자유에 맡겨진다. 법도 그러한 자유의 결과를 존중한다는 원칙을 취한다. 그래서 일반적인 계약서의 문구 하단에는 기명날인 또는 서명 또는 무인날인, 인감증명서 첨부 등 **계약의 진정성**을 밝히는 문구를 두고 있다.

| 본 계약을 증명하기 위하여 계약당사자가 이의 없음을 확인하고 각자 서명 또는 날인한다. | 2024-06-01 |
|---|---|

일반적인 중개계약서에서는 서명 또는 날인하도록 양식을 사용하고 있을 뿐 당사자의 요구에 따라 인감증명서를 첨부할 필요가 있는

거래도 존재한다는 점을 알아두자. 아무리 계약 자유의 원칙에 따른다고 하지만, 중요한 계약서에는 반드시 계약의 진정에 대해서 다루도록 하자. 간단한 계약에서는 계약의 진정을 별도로 다루지 않는 경우도 있다. 부동산중개계약서 역시 시스템마다 적용이 다르고, 빈 양식에 계약서를 쓸 때도 있다. 이렇게 문서의 진정에 관한 별도의 명문이 없는 경우에는, 민사소송법에 명시된 사문서의 진정에 관한 조항을 따른다. 다음과 같이 서명, 날인, 무인이 있는 경우 문서의 진정이 있다고 보고 그 효력이 발생한다고 규정하였다.

---

**민사소송법**

**제357조(사문서의 진정의 증명)**
사문서는 그것이 진정한 것임을 증명하여야 한다.

**제358조(사문서의 진정의 추정)**
사문서는 본인 또는 대리인의 **서명이나 날인 또는 무인(拇印)**이 있는 때에는 진정한 것으로 추정한다.

**제359조(필적 또는 인영의 대조)**
문서가 진정하게 성립된 것인지 어떤지는 필적 또는 인영(印影)을 대조하여 증명할 수 있다.

---

인감증명을 첨부하도록 하고 인감날인을 하는 이유는 문서의 진정을 명확히 입증하기 위해서이다. 상대방이 서명, 날인, 무인에 있어서 본인의 의사에 의해 한 것이 아님을 주장할 경우 사문서의 효력이 부정되는 경우가 발생할 수 있다. 반대로 가족의 인감도장을 가지고 대리권이 있는 것처럼 계약을 체결하는 때도 있다. 서명은 필체감정을

통해 검증하는 것이 쉽지 않고, 무인의 경우 전문감정이 필요하다. 인영이 뭉개지거나 제대로 찍히지 않은 경우가 많아 사후 확인이 어려울 때도 있다.

도장은 도장가게에서 10분이면 만들어준다. 기존의 도장과 똑같이 만드는 것도 어렵지 않다. 따라서 중요한 계약문서의 경우 계약 체결에서 상호 간의 인감증명을 확인할 필요가 있음을 유념하자. 큰 계약을 하려면, 정말 필요하다.

---

**인감증명법**

**제1조(목적)**
이 법은 행정청이 현재 신고되어 있는 출원자의 인감(印鑑)을 증명함으로써 국민의 편의를 도모함을 목적으로 한다.

**제5조(인감의 제한)**
인감은 1인 1종으로 한정하며, 그 인감은 같은 조 제6항에 따라 신고하는 **성명과 일치**하여야 한다.

**제10조(인감대장 등의 보존 기간)**
① 인감대장은 영구히 보존하여야 한다.

# 07

# 법인과 대리인

법률행위(계약)의 당사자가 될 수 있는 주체는 사람(개인)과 설립등기를 마친 법인이 된다. 개인의 경우, 신분증 확인과 진의의 확인으로 서명 또는 날인을 받고, 필요에 따라 인감증명을 첨부하면 된다. 그렇다면 법인은 어떻게 해야 할까? 법인은 법으로 태어난 인격체이기에 실물이 없다. 법인은 자연인 이외의 법률상 권리 또는 의무의 주체가 되는 대상을 말한다. 사람이 아닌 특정 집단, 조직 등도 법률상의 사람으로 취급해준다는 것이다.

법인의 종류에는 영리를 목적으로 하는 "영리법인", 영리를 목적으로 하지 않는 "비영리법인"이 있다. 일정한 목적을 위해 결합한 사람의 단체로 권리주체가 되는 "사단법인", 재산을 중심으로 사업체의 권리주체가 되는 "재단법인"이 있다. 재산이 의사를 표시할 수 없으므로, 사단법인과 같은 주주총회, 사원총회가 없다. 영리를 목적으로 하는 재단법인의 설립은 허용되지 않는다. 영리법인은 상법의 적용을 받는 "회사"가 대표적이다. 회사는 합명회사, 합자회사, 유한책임회사, 주식회사, 유한회사 5가지로 분류한다.

비영리법인은 민법 제32조를 근거로 하며, 학술·종교·자선·기예·사교 기타 영리 아닌 사업을 목적으로 하는 법인이다. 민법 외에 개별법에 근거하여 설립되는 재단법인으로 학교법인(「사립학교법」), 의료법인(「의료법」), 사회복지법인(「사회복지사업법」) 등이 있다.

| 상법, 제3편 회사, 제1장 통칙 |
|---|
| 제169조(회사의 의의)<br>이 법에서 **"회사"란 상행위나 그 밖의 영리를 목적으로 하여 설립한 법인**을 말한다. |
| 제170조(회사의 종류)<br>회사는 합명회사, 합자회사, 유한책임회사, 주식회사와 유한회사의 5종으로 한다. |
| 제172조(회사의 성립)<br>회사는 본점 소재지에서 설립등기를 함으로써 성립한다. |
| 민법, 제1편 총칙, 제3장 법인, 제1절 통칙 |
| 제31조(법인성립의 준칙)<br>법인은 법률의 규정에 의함이 아니면 성립하지 못한다. |
| 제32조(비영리법인의 설립과 허가)<br>학술, 종교, 자선, 기예, 사교 기타 영리 아닌 사업을 목적으로 하는 사단 또는 재단은 주무관청의 허가를 얻어 이를 법인으로 할 수 있다. |
| 제33조(법인설립의 등기)<br>법인은 그 주된 사무소의 소재지에서 설립등기를 함으로써 성립한다. |
| 제39조(영리법인)<br>① **영리를 목적으로 하는 사단**은 상사회사 설립의 조건에 좇아 이를 법인으로 할 수 있다.<br>② 전항의 **사단법인에는 모두 상사회사에 관한 규정을 준용**한다. |

**제59조(이사의 대표권)**
① 이사는 법인의 사무에 관하여 각자 법인을 대표한다. 그러나 정관에 규정한 취지에 위반할 수 없고, 특히 사단법인은 총회의 의결에 의하여야 한다.
② **법인의 대표에 관하여는 대리에 관한 규정을 준용한다.**

### 민사소송법

**제64조(법인 등 단체의 대표자의 지위)**
법인의 대표자 또는 제52조의 대표자 또는 관리인에게는 이 법 가운데 **법정대리와 법정대리인에 관한 규정을 준용**한다.

| 법인의 분류 |

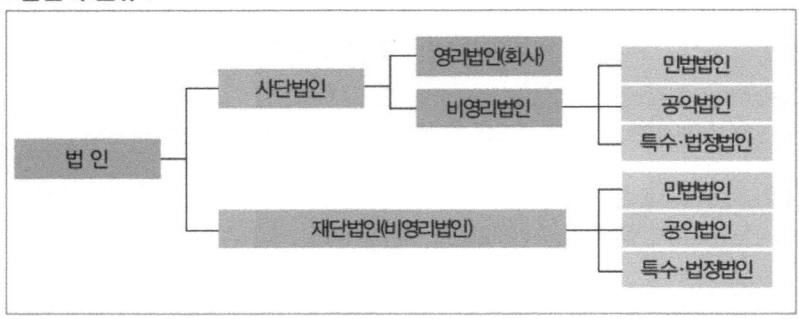

 자연인은 권리능력, 의사능력, 행위능력, 책임능력을 가진다. 하지만 "법인" 자체는 생각할 수 없는 존재이다. 법으로 만들어진 조직에 불과하므로 의사능력이 없다고 본다. 상법상 회사가 중요한 의사를 결정하려면, 법에서 정한 기관에서 적법한 절차를 거쳐 결의해야 한다. 주주총회와 이사회는 법이 정한 가장 중요한 의사결정 기관이다. 주주총회와 이사회를 통해 의사를 결정하면, 법인의 대리인을 통해 의사를 표시하고 법률행위에 이르게 된다. 그 대리인이 대표자 또는 법인에서 권한을 위임한 이사, 사원 등의 개인이다.

그래서 법인을 당사자로 하는 계약에서는 법인의 등기사항증명서와 대표자의 의사표시가 필요하다. 법인의 등기사항증명서를 통해 법인의 기본적인 정보를 확인하고, 대표자에 관한 사항을 확인한다. 대표자의 신분증과 대표자의 날인 또는 서명으로 계약을 체결한다. 법인의 대표자가 법인을 대리하여 의사표시를 한 것이다.

**법인의 대표자는 법에 의하여 대리권이 인정된다.** 대표자가 계약에 참여할 수 없다면, 다른 사원이나 개인을 지정하여 대리권을 수여하여 법률행위를 하게 된다. 그래서 법인의 인감이 날인된 위임장, 법인인감증명서가 필요하다. 대리인의 의사표시에 있어서 법인으로부터 대리권을 수여받았다면, 법인인감도장을 지참할 필요가 없다. 사용인감으로 날인해도 충분하고, 대리인의 도장이나 날인도 유효하다.

법률행위(계약)에 있어서 법인의 대표자나 사원이 법인을 대리하듯, 개인 역시 계약에 참여할 수 없으면, 가족이나 친구, 고용인 등 타인에게 계약의 권한을 위임할 수 있다. 위임장(인감도장 날인)과 인감증명서를 첨부하여 대리인을 지정하면, 법률행위의 효과는 위임인에게 귀속한다.

### 〈법률행위의 효력 발생을 위한 당사자 및 의사표시 확인 수단〉

| 구분 | 법인 | 개인 |
|---|---|---|
| 신분증 | 법인등기사항증명서 및 대표자 신분증(대표자가 직접 참여한 경우) | 주민등록증, 운전면허증 등 |
| 법률행위 효력발생 | 대표자의 날인 또는 서명 | 본인의 날인 또는 서명 |
| 대리인의 효력발생 | 대표자 외 대리인 | 필요에 따라 |
| | 대표자 외 대리인을 선임할 때, 법인인감증명서가 날인 첨부된 위임장 대리인의 신분증, 서명 또는 날인 | 대리인을 선임할 때, 인감증명서가 날인 첨부된 위임장 대리인의 신분증, 서명 또는 날인 |
| 필요에 따라 | 법인인감증명서 및 법인인감도장 사용인감의 경우 사용인감계 | 인감증명서 |

---

### 민법, 제1편 총칙, 제5장 법률행위, 제3절 대리

**제114조(대리행위의 효력)**
① 대리인이 그 권한 내에서 본인을 위한 것임을 표시한 의사표시는 직접 본인에게 대하여 효력이 생긴다.
② 전항의 규정은 대리인에게 대한 제3자의 의사표시에 준용한다.

**제115조(본인을 위한 것임을 표시하지 아니한 행위)**
대리인이 본인을 위한 것임을 표시하지 아니한 때에는 그 의사표시는 자기를 위한 것으로 본다. 그러나 상대방이 대리인으로서 한 것임을 알았거나 알 수 있었을 때에는 전조 제1항의 규정을 준용한다.

**제118조(대리권의 범위)**
권한을 정하지 아니한 대리인은 다음 각 호의 행위만을 할 수 있다.
1. 보존행위
2. 대리의 목적인 물건이나 권리의 성질을 변하지 아니하는 범위에서 그 이용 또는 개량하는 행위

**제124조(자기계약, 쌍방대리)**
대리인은 본인의 허락이 없으면 본인을 위하여 자기와 법률행위를 하거나 동일한 법률행위에 관하여 당사자 쌍방을 대리하지 못한다. 그러나 채무의 이행은 할 수 있다.

실무적으로 대리인이 참가하는 부동산계약의 경우 실제의 본인과 사전면담, 신분 및 의사 확인, 계약 당시의 전화, 화상통화 확인 등의 수단을 갖추고 계약의 참가자로서 대리인을 보내는 경우가 많다. 즉, 본인이 같은 공간에 참석하지 못하였지만, 사전의 의사표시와 정보통신매체를 통한 의사표시를 통해 본인이 직접 의사표시를 완료하고, 서명 또는 날인의 행위만을 위임한 경우가 많다. 이러한 경우에도, 대리권에 대한 기본적인 법적 근거와 효과를 이해하고 계약당사자에게 잘 설명해줄 필요가 있다.

# 08

# 외국인

**외국인 전용 신분증은 외국인등록증, 외국국적동포 국내거소신고증, 영주증이 있다.** 외국인등록증은 91일 이상 장기체류하는 외국인들에게 발급한다. 외국국적동포 국내거소신고증은 F-4(재외동포) 사증을 받고 국내거소신고를 하게 되면 받게 된다. 영주증은 F-5(영주) 자격을 가진 외국인 전용 신분증이다. 외국인과 계약을 체결할 때, 외국인 전용 신분증을 확인하고 계약을 하는 것이 바람직하다. 외국인 전용 신분증은 출입국관리법에 따라 지방출입국, 외국인 관서의 장이 발급한다.

91일 이상 장기체류하는 외국인이라면, 출입국관리법에 따라 외국인등록증을 발급받아야 하므로 3개월 이상의 임대차 계약에서는 반드시 외국인등록증을 요구하는 것이 바람직하다.

입국 초기 외국인등록증이 없는 경우, 우선 여권으로 신분을 확인하고 임대차 계약을 체결 후, 외국인등록증을 추후에 첨부하도록 특약에 명시하여 임차인의 국내 거소를 명확하게 할 필요가 있다.

외국인은 원칙적으로 「주택임대차보호법」의 보호 대상이 될 수 없다(「주택임대차보호법」 제1조). 그러나 주택을 임차한 외국인이 전입신고에 **준하는 체류지 변경신고를 했다**면 예외적으로 「주택임대차보호법」의 보호 대상이 된다(「출입국관리법」 제88조의2 제2항 및 서울민사지방법원 1993. 12. 16. 선고 93가합73367 제11부 판결 : 확정).

외국인이 임차주택에 입주했다면 그 전입한 날부터 15일 이내에 새로운 체류지의 시·군·구 또는 읍·면·동의 장이나 그 체류지를 관할하는 출입국관리사무소장·출입국관리사무소 출장소장에게 반드시 체류지 변경신고를 해야 한다(규제 「출입국관리법」 제36조 제1항).

만약, 외국인등록증 발급 전이거나 국내에서 90일 이내의 기간 동안 체류한다면 여권을 확인 후 계약을 체결한다. 여권에 명시된 이름과 여권번호, 발급정보를 기재하여 임대차 계약을 체결한다. 추후 외국인등록증이 발급된다면 관련 정보를 제공하기로 약정하는 것도 좋다.

### 계약이행의 담보와 신분증

계약을 체결하면서, 신분증으로 학생증을 가져온 임차인이 있었다. 학생증이 신분증으로의 효력이 있을까? 신분증의 신뢰도는 떨어진다. 임대인은 제대로 된 신분증 확인을 하지 않고, 계약을 체결하는 게 맞는 절차인지 나에게 물었다. 당연히 신분증을 확인하는 게 맞다. 다만, 신분증이 계약이행에 대한 근거가 될 수는 없다. 계약의 이행을 담보하는 것은 계약금이고, 보증금이다. 비록 학생증을 가지고 왔지만, 월세 100만 원의 임대차 계약에서 보증금 3,000만 원을 제공하는 임차인이라면, 임대인에게는 충분한 계약의 이행 담보가 될 것이다.

임대인에게 이런 내용을 설명하니, 바로 수긍하고, 계약을 진행한 경험이 있다. 반대로, 보증금이 통상적인 액수보다 부족한 경우도 있다. 이때는 신분증을 포함한 재직증명서, 소득증명 등의 추가 확인을 요구한다. 임차인의 신용도를 어필함으로써, 계약이행의 참고용 담보로 활용할 수 있을 것이다.

# 09

# 위변조 방지, 수정, 간인, 계인

계약서의 최종 날인을 통한 계약업무의 완결에 있어서 중요한 것은 위변조의 방지대책이다. 통상적인 중개계약서의 경우, 위변조를 할 만큼의 중요한 분쟁이 있는 것은 아니다. 하지만, 분쟁이 있거나 이해관계가 첨예하게 대립될 때 누군가는 계약내용의 일부에 손을 댈 수 있는 상황이 생길 수 있다. 별지 부분에 명확한 근거와 설명이 있는데, 별지가 없다고 주장할 수도 있다. 수십·수백억의 계약은 계약서 문구의 차이에 따라, 때로는 조사 하나, 점 하나에 따라서 내용에 큰 차이가 있을 수 있다. 위변조 방지를 통해 문서의 완결성을 확보할 필요가 있다.

계약서의 첫 페이지에는 별지 여부와 매수, 확인설명서의 매수, 첨부문서의 목록을 표시한다. 특히 특약사항의 별지가 있는 경우에는 반드시 "특약사항 ○~○번 별지에서 계속" 등의 별지 명시를 하는 것이 좋다. 별지에 명시된 내용을 자신은 별지가 없다고 모른 체할 수 있다. 별지에는 분명히 "청소비용을 부담한다"라는 특약이 있음에도, "제 계약서에는 그런 게 없는데요?"라고 딱 잘라서 이야기하는 사람이 있다.

출력한 계약서를 정정(수정)하는 경우를 보자. 출력된 문서 일부분을 수정할 때는 수정 부분을 삭선(통상 적색 2줄)한 후 여백에 정정할 내용을 기재한다. 정정 ○○자, 삭제 ○○자, 새로 기재 ○○자 등의 수정한 문구의 양을 표시한다. 여백의 끝부분에 정정된 글자 수를 기재하고 계약당사자 모두의 서명 또는 날인을 한다. 간혹, 공인중개사의 도장만 날인하는 때도 있는데, 잘못된 처리방식이다. 문서의 빈 곳에는 "이하 여백"이라는 공란임을 명시하여 위변조를 방지할 수 있다. 특히, 금액의 공란은 반드시 직선 또는 사선을 그어 그 부분에 다른 글자가 없음을 표시하는 것이 좋다.

출력이 아닌 전체 수기를 작성할 때에도 문서의 위변조 방지를 위해 수기로 기재한 글자의 숫자를 여백에 명시하여 위변조를 방지할 수 있다. 자수를 명시하고 거래당사자의 확인 날인을 하면 된다.

간인과 계인은 "주택임대차 계약증서상의 확정일자 부여 및 임대차 정보제공에 관한 규칙"에서 근거를 찾을 수 있다. 특히, 계약서가 두 장 이상이면 반드시 "간인"을 하게 되어 있다. 관공서에서 확정일자부를 수기로 기록하는 경우에는 확정일자부와 계약서의 계인을 하도록 규정하고 있다. 실무적으로는 전산으로 관리하기 때문에 계인하지 않는다.

"계인"은 두 개의 문서에 걸쳐서 찍어 서로 관련되어 있음을 증명하는 도장을 말한다. 간인은 서류 작성자의 간인으로서 한 개의 서류가 여러 장으로 되어 있는 경우 그 서류의 각 장 사이에 겹쳐서 날인하는 것이다. 이는 서류작성 후 그 서류의 일부가 누락되거나 교체되지 않았다는 사실을 담보하기 위한 것이다.

공소장에 공소제기 검사의 간인이 누락된 사건이 있었다(의정부지방법원 2019. 10. 17. 선고 2019노1092 판결). 대법원은 공소장의 간인이 없더라도 공소장의 형식과 내용이 연속된 것으로 일체성이 인정되고, 동일한 검사가 작성했다고 인정할 수 있는 경우 유효한 공소제기로 본다는 판결을 내렸다(대법원 2019도16259).

법원사무관리규칙 제12조(문서의 간인), 부동산등기규칙 제56조(방문신청의 방법), 공증인법 제38조(증서의 작성절차) 등 여러 행정규정에서 중요 문서에 대한 간인의 필요성을 명시하고 있다. 특히 공인중개사는, 주택임대차 계약증서상의 확정일자 부여 및 임대차 정보제공에 관한 규칙에 따라 임대차 계약서가 2장 이상이면 간인을 반드시 하여, 행정 착오가 없도록 해야 한다.

> **주택임대차 계약증서상의 확정일자 부여 및 임대차 정보제공에 관한 규칙**
>
> **제3조(확정일자 부여 시 확인사항)**
> 확정일자 부여기관은 계약증서에 확정일자를 부여하기 전에 다음 각 호의 사항을 확인하여야 한다.
> 1. 임대인·임차인의 인적사항, 임대차 목적물, 임대차 기간, 차임·보증금 등이 적혀 있는 완성된 문서일 것
> 2. 계약당사자(대리인에 의하여 계약이 체결된 경우에는 그 대리인을 말한다. 이하 같다)의 서명 또는 기명날인이 있을 것
> 3. 글자가 연결되어야 할 부분에 빈 공간이 있는 경우에는 계약당사자가 빈 공간에 직선 또는 사선을 그어 그 부분에 다른 글자가 없음이 표시되어 있을 것
> 4. 정정한 부분이 있는 경우에는 그 난의 밖이나 끝부분 여백에 정정한 글자 수가 기재되어 있고, 그 부분에 계약당사자의 서명이나 날인이 되어 있을 것
> 5. 계약증서(전자계약증서는 제외한다)가 두 장 이상인 경우에는 **간인(間印)**이 있을 것
> 6. 확정일자가 부여되어 있지 아니할 것. 다만, 이미 확정일자를 부여받은 계약증서에 새로운 내용을 추가 기재하여 재계약을 한 경우에는 그러하지 아니하다.
>
> **제4조(계약증서의 확정일자 부여방법)**
> ① 확정일자는 계약증서의 여백(여백이 없는 경우에는 그 뒷면을 말한다)에 별지 제1호 서식의 확정일자 인을 찍고, 인영(印影) 안에 날짜와 제5조 제1항에 따른 확정일자부의 확정일자 번호를 아라비아 숫자로 적는 방법으로 부여한다.
> ② 계약증서가 두 장 이상인 경우에는 간인해야 한다. 다만, **간인은 구멍뚫기 방식으로 갈음할 수 있다.**
> ③ **계약증서와 확정일자부 사이는 계인(契印)**을 한다. 다만, 확정일자 부여기관(공증인은 제외한다)이 제5조 제5항에 따른 **전산정보 처리조직을 이용하여 확정일자부를 작성하는 경우에는 전산 입력한 확정일자부의 기재내용을 출력하여 신청인에게 입력사항에 오류가 있는지의 여부를 확인하게 하여야 한다.**

다만, 간인의 방법에 대해서는 명확하게 명시된 규정은 없고 통상적인 사무방법을 따르게 된다. 실무에서 나는 약식 간인을 사용하고 있다.

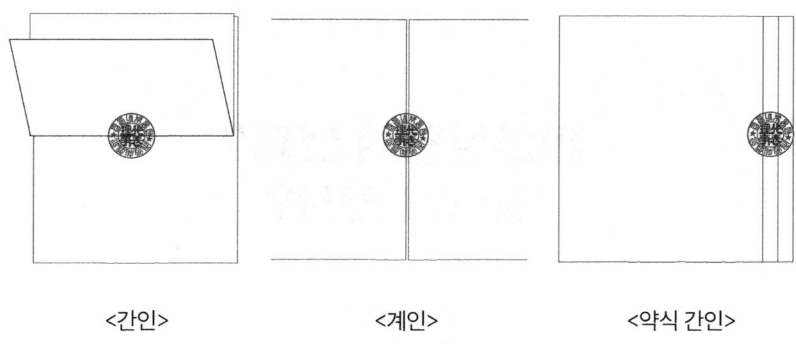

&lt;간인&gt;　　　　　&lt;계인&gt;　　　　　&lt;약식 간인&gt;

# 10

# 확인설명서 먼저?
# 계약서 먼저?

가계약을 완료하였다. 대다수 상황에서 가계약은 계약이다. 그렇다면, 이제부터는 정말 쉽다. 본 계약을 준비해보자. 확인설명서가 먼저일까? 계약서가 먼저일까? 사실 무엇을 먼저 해도 상관없다고 하는 사람들이 대다수이다. 하지만, 법에는 이렇게 명확하게 설명되어 있다. 다음의 공인중개사법을 잘 곱씹어보자. 확인설명서를 먼저 설명하여 개업공인중개사의 확인설명 의무를 먼저 이행하고, 계약서에 날인하는 것이 맞는 순서다.

> **공인중개사법 제25조(중개대상물의 확인·설명)**
>
> ① 개업공인중개사는 **중개를 의뢰받은 경우에는** 중개가 완성되기 전에 다음 각 호의 사항을 확인하여 이를 해당 중개대상물에 관한 권리를 취득하고자 하는 중개의뢰인에게 성실·정확하게 설명하고, **토지대장등본 또는 부동산종합증명서, 등기사항증명서 등 설명의 근거자료를 제시**하여야 한다.
> 1. 해당 중개대상물의 상태·입지 및 권리관계
> 2. 법령의 규정에 의한 거래 또는 이용제한사항
> 3. 그 밖에 대통령령으로 정하는 사항

② 개업공인중개사는 제1항에 따른 확인·설명을 위하여 필요한 경우에는 중개대상물의 매도의뢰인·임대의뢰인 등에게 해당 중개대상물의 상태에 관한 자료를 요구할 수 있다.
③ 개업공인중개사는 중개가 완성되어 거래계약서를 작성하는 때에는 제1항에 따른 확인·설명 사항을 대통령령으로 정하는 바에 따라 서면으로 작성하여 거래당사자에게 교부하고 대통령령으로 정하는 기간 동안 그 원본, 사본 또는 전자문서를 보존하여야 한다. 다만, 확인·설명 사항이 「전자문서 및 전자거래 기본법」 제2조 제9호에 따른 공인전자문서센터(이하 "공인전자문서센터"라 한다)에 보관된 경우에는 그러하지 아니하다.

거래의 당사자 일방은 확인설명서에 날인하다가 뭔가 이상하다, 계약을 다시 검토해야겠다고 할 수도 있는 상황이 생긴다. 만약, 계약서에 날인을 마치고 확인설명서를 설명하는 도중에 계약당사자 일방이 계약의 의사를 철회한다면, 중개사가 계약서를 찢을 수도 없고, 난감한 일이 생긴다. 계약서에 도장 찍기 전, 확인설명서에 날인하면서, 중개보수에 대한 부분도 날인에 포함되어 있다는 점은 계약 체결 전에 반드시 짚어야 하는 부분이다.

업무의 순서와 흐름을 보았을 때도, 중개대상물에 대한 상태, 권리관계 등에 대한 충분한 설명을 듣고 계약서에 도장을 찍는 것이 맞다. 계약을 체결하고 중개대상물의 설명을 듣는 것이 아닌 셈이다. 중개계약서는 거래당사자 간에 매우 중요한 효력을 가지고, 중개대상물 확인설명서는 중개사와 각각의 거래당사자 사이에 중요한 효력을 발생시킨다.

가끔, 중개 거래를 체결해주고, 그 건물의 악성 임차인 관리로 골머리 썩는 중개사들도 더러 있다. 물론 서비스 정신이 투철한 것은 좋지만, 업무에 지장이 갈 정도로 고초를 겪으며 스트레스를 받고 있다. 법에서 정확히 다뤄주듯, 공인중개사의 책임 범위는 중개대상물 확인 설명까지라고 보는 것이 맞다. 중개계약서는 당사자 간의 의사 합치를 중개사가 올바르게, 적법하게 표현해준 것이다. 그 계약의 이행까지는 중개사가 책임질 수 없다는 뜻이다. 법에서 정한 책임과 범위를 명확하게 인지를 하게 되면, 업무의 범위 설정을 조금 더 쉽게 할 수 있을 것이다.

---

**공인중개사법 시행령 제21조(중개대상물의 확인·설명)**

① 법 제25조 제1항에 따라 개업공인중개사가 확인·설명해야 하는 사항은 다음 각 호와 같다.
1. 중개대상물의 종류·소재지·지번·지목·면적·용도·구조 및 건축연도 등 중개대상물에 관한 기본적인 사항
2. 소유권·전세권·저당권·지상권 및 임차권 등 중개대상물의 권리관계에 관한 사항
3. 거래 예정금액·중개보수 및 실비의 금액과 그 산출내역
4. 토지이용계획, 공법상의 거래규제 및 이용제한에 관한 사항
5. 수도·전기·가스·소방·열공급·승강기 및 배수 등 시설물의 상태
6. 벽면·바닥면 및 도배의 상태
7. 일조·소음·진동 등 환경조건
8. 도로 및 대중교통 수단과의 연계성, 시장·학교와의 근접성 등 입지조건
9. 중개대상물에 대한 권리를 취득함에 따라 부담하여야 할 조세의 종류 및 세율

② 개업공인중개사는 매도의뢰인·임대의뢰인 등이 법 제25조 제2항의 규정에 따른 중개대상물의 상태에 관한 **자료요구에 불응한 경우에는** 그 사실을 매수의뢰인·임차의뢰인 등에게 설명하고, 제3항의 규정에 따른 **중개대상물 확인·설명서에 기재**하여야 한다.
③ 개업공인중개사는 법 제25조 제3항 본문에 따라 **국토교통부령으로 정하는 중개대상물 확인설명서(공인중개사법 시행규칙 제16조(중개대상물의 확인설명서)의 서식 별지 제20호~20호의 4서식)**에 제1항 각 호의 사항을 적어 거래당사자에게 발급해야 한다.

---

개업공인중개사는 중개대상물 확인설명서를 작성하면서, 매도의

뢰인·임대의뢰인 등이 중개대상물의 상태에 관한 **자료요구에 불응한 경우에는 그 사실을** 매수의뢰인·임차의뢰인 등에게 설명하고, **중개대상물 확인설명서에 기재하여야 한다.** 계약서 특약에 정리하는 것이 아니다. 물론, 계약서의 특약에 정리한다고 해서 사실관계가 달라지는 것은 아니다. 하지만, 확인설명서에 작성해야 할 내용은 확인설명서에 작성하고, 계약서에 명시해야 할 내용은 계약서에 명시하는 습관이 필요하다. 작은 차이가 명품을 만든다.

# 11

# 보증금의 보호

실제로 중개현장에서 가장 어렵게 취급되고, 가장 빈번히 사고가 발생하는 다가구주택의 보증금 보호에 대해 완벽하게 해부해보자. 물론 아파트, 빌라의 보증금 보호도 같이 짚어보자. 아파트와 빌라 등 공동주택의 보증금 보호에 관한 판단은 비교적 수월하다. 이러한 공동주택의 경우 토지와 건물이 결합된 집합건물이다. 하나의 호실에 하나의 소유권이 있고, 하나의 임대차가 존재하는 경우가 대부분이다. 하나의 소유권에 여러 개의 임대차가 있는 공동주택이라면, 다가구주택의 검토방식을 차용하여야 한다.

보증금 보호의 핵심은 집주인이 전세보증금을 안 돌려줄 경우, 이 집을 팔아서 내 보증금을 회수할 수 있는가의 판단이다. 집을 팔아서 혹은 경매를 실행해서 내 돈을 다 돌려받지 못하게 되면, 임대인과 임차인 간의 채권채무가 남은 것이다. 보증금반환소송과 손해배상청구소송을 다시 해야 한다. 물론, 임대인이 파산하거나 도피한 상태라 나머지 보증금을 반환받을 수 없는 상황이 생기곤 한다.

하나의 소유권에 한 명의 임차인(나)이 존재하는 경우, 경매를 실행했을 때 내 돈을 어떻게 돌려받는지 확인해보자. 다음의 표를 근거로 설명한다면, 누락되는 내용 없이 충분한 설명과 이해가 가능할 것이다. 한두 번 정도 표를 따라서 예상 배당표를 작성해본다면 권리관계를 설명해주는 요령을 쉽게 터득할 것이다.

하나의 소유권에 여러 명의 임차인이 존재하는 경우는 매우 꼼꼼하게 살펴야 한다. 상가주택의 경우, 상가 부분은 상가 임대차보호법의 보호를 받고, 주택 부분은 주택임대차보호법의 보호를 각각 받는다. 이 경우, 최우선변제금, 선순위보증금의 합계, 후순위이지만 최우선변제금이 될 수 있는 공실에 대한 파악이 이루어져야 한다.

| | 매각대금의 배당순위(저당권이 국세보다 앞선 경우) |
|---|---|
| 1 | 집행비용(민사집행법 제53조) |
| 2 | 경매 부동산의 관리에 소요된 필요비 및 유익비(민법 제367조) |
| 3 | 소액임차보증금채권(주택임대차보호법 제8조 제1항, 상가건물임대차보호법 제14조 제1항)<br>최종 3개월분 임금과 최종 3년간의 퇴직금 및 재해보상금(근로기준법 제37조 제2항)<br>※ 위 채권들이 서로 경합하는 경우에는 동등한 순위의 채권으로 보아 배당함(재민 91-2) |
| 4 | 집행목적물에 부과된 국세, 지방세(국세기본법 제35조 제1항 제3호, 지방세법 제31조 제2항 제3호) |
| 5 | 국세 및 지방세의 법정 기일 전에 설정 등기된 저당권·전세권에 의하여 담보되는 채권(국세기본법 제35조 제1항, 지방세법 제31조 제2항)<br>확정일자를 갖춘 주택 및 상가건물의 임차보증금 반환채권(주택임대차보호법 제3조의2 제2항, 상가건물임대차보호법 제5조 제2항) |

| | |
|---|---|
| 6 | 근로기준법 제37조 제2항의 임금 등을 제외한 임금 기타 근로관계로 인한 채권(근로기준법 제37조 제1항) |
| 7 | 국세·지방세 및 이에 관한 체납처분비, 가산금 등의 징수금(국세기본법 제35조, 지방세법 제31조) |
| 8 | 국세 및 지방세의 다음 순위로 징수하는 공과금 중 산업재해보상보험료, 국민연금보험료, 고용보험료, 국민건강보험료(단, 납부 기한과 관련하여 예외 규정 있음) |
| 9 | 일반채권(일반 채권자의 채권과 재산형·과태료 및 국유재산법상의 사용료·대부료·변상금 채권 |

## 1. 아파트, 빌라 등 공동주택의 보증금 보호

| ○○○동 ○○아파트 ○○○○호 임대차에 따른 권리관계 분석 ||||
|---|---|---|---|
| 현재의 시세 | 3억 5천만 원 | 임차인의 보증금 | 5,000만 원 |
| ※ 시세의 경우 임차인과 함께 인터넷 자료조사를 하여 임차인이 인정하는 금액을 기재하였음 ||||
| 최근의 경매 사례 | 감정가 | 낙찰가 | 감정가 대비 낙찰가율 |
| | 3억 5천만 원 | 3억 1천만 원 | 88% |
| 소유권에 관한 사항 | ○○○ | 가압류, 가처분 등 기타 권리 | 없음 |
| 소유권 이외의 권리관계 | 근저당 채권최고액 2억 4천만 | 기준 시점 | 12, 5, 8 |
| 최우선변제 보증금의 범위 | 7,500만 원 이하 | 보증금 중 일정액의 범위 (최우선변제) | 2,500만 원 |
| | ○ | | |
| 환가의 예상 ||||
| 감정가(시세 가정) | 3억 5천만 원 | 낙찰가 가정 : 80% | 2억 8천만 원 |
| ※ 임차인이 인정하는 예상 낙찰가액을 기준으로 배당 순위 및 배당 가능성을 검토하였음 ||||

| 배당 순위 및 비용(예상비용) ||||
|---|---|---|---|
| 배당순위 | 금액 판단 | 지불 가능 잔액 | 내용 |
| 1. 경매비용 및 필요비, 유익비 | 450만 원 | 28,000만 원 | 비용 추정 |
| 2. 최우선변제금, 최우선임금채권 환가의 1/2 내에서 배당 가능 | 2,500만 원 | 27,550만 원 | 임차인 회수 |
| 3. 당해세 | 0원 | 25,050만 원 | 현재로서 알 수 없음 |
| 4. 담보물권, (확)임차권, 조세채권 순위를 다툼 / 근저당권 | 24,000만 원 | 25,050만 원 | 채권최고액이며 실제 채권액은 다를 수 있음 |
| 4. 담보물권, (확)임차권, 조세채권 순위를 다툼 / 확정일자 임차권 | 2,500만 원 (5,000만 원) | 1,050만 원 | 임차인 회수 |
| 4. 담보물권, (확)임차권, 조세채권 순위를 다툼 / 조세채권 |  | - |  |

현재의 매매시세를 감정가로 가정하고, 감정가의 80%에 낙찰이 이루어진다고 가정할 경우, **부동산의 매각금액은 2억 7천만 원이고, 이 경우 배당받지 못하는 보증금이 있음**
최우선임금채권과 당해세, 선순위조세채권 등의 개입이 없다고 가정할 때, **29,450만 원 이상 낙찰 시 보증금 전액을 배당**받을 수 있을 것으로 예상함
최우선임금채권과 당해세, 선순위조세채권(현재는 체납되지 않았지만, 법정 기일이 선순위인 경우)으로 배당금이 줄어들거나 소멸할 가능성이 있음

## 2. 다가구주택의 보증금 보호

| ○○빌라 204호 임대차에 따른 권리관계 분석 ||||
|---|---|---|---|
| 현재의 시세 | 18억 5천만 원 | 임차인의 보증금 | 5,000만 원 |
| ※ 시세의 경우 임차인과 함께 인터넷 자료조사를 하여 임차인이 인정하는 금액을 기재하였음 ||||
| 최근의 경매 사례 | 감정가 | 낙찰가 | 감정가 대비 낙찰가율 |
| 최근의 경매 사례 | 18억 5천만 원 | 15억 1천만 원 | 82% |

| 소유권에 관한 사항 | ○○○ | 가압류, 가처분 등 기타 권리 | 없음 |
|---|---|---|---|
| 소유권 이외의 권리관계 | 근저당 채권최고액 6억 원 | 기준 시점 | 12, 5, 8 |
| 최우선변제 보증금의 범위 | 7,500만 원 이하 ○ | 보증금 중 일정액의 범위 (최우선변제) | 2,500만 원 ○ |

### 환가의 예상

| 감정가(시세 가정) | 18억 5천만 원 | 낙찰가 가정 : 70% | 12억 9,500만 원 |
|---|---|---|---|

※ 임차인이 인정하는 예상 낙찰가액을 기준으로 배당 순위 및 배당 가능성을 검토하였음

### 배당 순위 및 비용(예상비용)

| 배당순위 | | 금액 판단 | 지불 가능 잔액 | 내용 |
|---|---|---|---|---|
| 1. 경매비용 및 필요비, 유익비 | | 850만 원 | 128,650만 원 | 비용 추정 |
| 2. 최우선변제금, 최우선임금채권 환가의 1/2 내에서 배당 가능 | | 37,500만 원 | 91,150만 원 | 임차인 회수 : 2,500만 |
| 3. 당해세 | | 0원 | 91,150만 원 | 현재로서 알 수 없음 |
| 4. 담보물권, (확)임차권, 조세채권 순위를 다툼 | 근저당권 | 60,000만 원 | 31,150만 원 | 채권최고액이며 실제 채권액은 다를 수 있음 |
| | (최우선변제 후) 선순위보증금 합계 | 26,000만 원 | 5,150만 원 | |
| | 임차인 보증금 | 2,500만 원 (5,000만 원) | 2,650만 원 | 임차인 회수 : 2,500만 |

| 구분 | 101호 | 102호 | 103호 | 104호 | 105호 | 106호 |
|---|---|---|---|---|---|---|
| 전입일 | - | - | - | - | - | - |
| 보증금 | 0 | 0 | 0 | 0 | 0 | 0 |
| 최우선변제 | 2,500 | 2,500 | 2,500 | 2,500 | 2,500 | 2,500 |
| 순위배당 | 0 | 0 | 0 | 0 | 0 | 0 |

| 구분 | 201호 | 202호 | 203호 | ★204호★ | 205호 | 206호 |
|---|---|---|---|---|---|---|
| 전입일 | 21.4.1 | 23.5.1 | 24.1.3 | 24.7.1 | 18.1.5 | 12.9.2 |
| 보증금 | 1,000 | 3,000 | 2,000 | 5,000 | 8,000 | 8,000 |
| 최우선변제 | 2,500 | 2,500 | 2,500 | 2,500 | 0 | 0 |
| 순위배당 | 0 | 500 | 0 | ★ | 8,000 | 8,000 |
| 구분 | 301호 | 302호 | 303호 | 304호 | 305호 | 306호 |
| 전입일 | - | 21.5.1 | 22.4.3 | 14.1.20 | 19.4.7 | - |
| 보증금 | 0 | 3,000 | 2,000 | 2,500 | 9,000 | 0 |
| 최우선변제 | 2,500 | 2,500 | 2,500 | 2,500 | 0 | 2,500 |
| 순위배당 | 0 | 500 | 0 | 0 | 9,000 | 0 |

현재의 매매시세를 감정가로 가정하고, 감정가의 70%에 낙찰이 이루어진다고 가정하였을 경우, 부동산의 매각금액은 **12억 9,500만 원임**
최우선임금채권과 당해세, 선순위조세채권의 개입이 없다고 가정할 때, **12억 6,850만 원(현 시세의 68.5%) 이상 낙찰시 보증금 전액을 배당**받을 수 있음
최우선임금채권과 당해세, 선순위조세채권(현재는 체납되지 않았지만, 법정 기일이 선순위인 경우)으로 배당금이 줄어들거나 소멸할 가능성이 있음

    임대차 계약 체결 시, 대항력 유지에 필요한 방법(인도와 전입신고)을 설명해주어야 한다. 경매와 배당에 참여할 때를 대비하여, 확정일자를 갖추는 방법도 알려주어야 한다. 아울러 최우선변제라고 흔히 이야기하는 보증금 중 일정액의 보호 범위에 관한 내용, 보호를 받기 위해 유지하여야 할 자격도 알려주어야 한다.

| 주택임대차보호법 |
|---|

**제3조(대항력등)**
① 임대차는 그 등기(登記)가 없는 경우에도 임차인(賃借人)이 주택의 **인도(引渡)**와 **주민등록**을 마친 때에는 그 다음날부터 제3자에 대하여 효력이 생긴다. 이 경우 전입신고를 한 때에 주민등록이 된 것으로 본다.

**제3조의2(보증금의 회수)**
② **제3조 제1항** · 제2항 또는 제3항의 **대항요건(對抗要件)**과 임대차 계약증서(제3조 제2항 및 제3항의 경우에는 법인과 임대인 사이의 임대차 계약증서를 말한다)상의 **확정일자(確定日字)**를 갖춘 임차인은 「민사집행법」에 따른 경매 또는 「국세징수법」에 따른 공매(公賣)를 할 때에 임차주택(대지를 포함한다)의 환가대금(換價代金)에서 **후순위권리자(後順位權利者)나 그 밖의 채권자보다 우선하여 보증금을 변제(辨濟)**받을 권리가 있다.

**제3조의5(경매에 의한 임차권의 소멸)**
임차권은 임차주택에 대하여 「민사집행법」에 따른 경매가 행하여진 경우에는 그 임차주택의 경락(競落)에 따라 소멸한다. 다만, 보증금이 모두 변제되지 아니한, 대항력이 있는 임차권은 그러하지 아니하다.

**제8조(보증금 중 일정액의 보호)**
① 임차인은 보증금 중 일정액을 다른 담보물권자(擔保物權者)보다 우선하여 변제받을 권리가 있다. 이 경우 임차인은 주택에 대한 경매신청의 등기 전에 제3조 제1항의 요건을 갖추어야 한다.


### 대구지방법원 1996. 11. 28. 선고 96가합17268 판결
### [배당이의]

사용자가 법인일지라도 그 실체가 개인기업과 동일한 1인 회사의 법인대표는 개인과 법인을 동일인으로 보아야 하므로 경영주 개인의 재산에 대하여도 임금우선특권이 인정되는 것으로 본 사례

## 근로기준법 제38조(임금채권의 우선변제)

**제38조(임금채권의 우선변제)**
① 임금, 재해보상금, 그 밖에 근로관계로 인한 채권은 사용자의 총재산에 대하여 질권(質權)·저당권 또는 「동산·채권 등의 담보에 관한 법률」에 따른 담보권에 따라 담보된 채권 외에는 조세·공과금 및 다른 채권에 우선하여 변제되어야 한다. 다만, 질권·저당권 또는 「동산·채권 등의 담보에 관한 법률」에 따른 담보권에 우선하는 조세·공과금에 대하여는 그러하지 아니하다.
② 제1항에도 불구하고 다음 각 호의 어느 하나에 해당하는 채권은 사용자의 총재산에 대하여 질권·저당권 또는 「동산·채권 등의 담보에 관한 법률」에 따른 담보권에 따라 담보된 채권, 조세·공과금 및 다른 채권에 우선하여 변제되어야 한다. <개정 2010. 6. 10.>
1. 최종 3개월분의 임금
2. 재해보상금

| 제2장 |

# 확인설명서

# 01

# 확인설명서의 근거자료

주거용 중개대상물 확인설명서가 5쪽으로 늘어났다. 하나하나 씹어 먹어보자. 주거용 중개대상물을 기준으로 설명하지만, 비주거용 건축물, 토지, 공장 등의 확인설명서가 크게 다르지 않으니 주거용을 기준으로 작성법을 숙지한다면, 충분할 것이다.

■ 공인중개사법 시행규칙 [별지 제20호 서식]　　　　　　　　(5쪽 중 제1쪽)

중개대상물 확인 · 설명서[ Ⅰ ] (주거용 건축물)

(주택의 유형 : [ ]단독주택 [ ]공동주택 [ ]주거용 오피스텔)

(거래형태 : [ ]매매 · 교환 [ ]임대)

| 확인 · 설명 자료 | 확인 · 설명 근거자료 등 | [ ]등기권리증 [ ]등기사항증명서 [ ]토지대장 [ ]건축물대장 [ ]지적도 [ ]임야도 [ ]토지이용계획확인서 [ ]확정일자부여현황 [ ]전입세대확인서 [ ]국세납세증명서 [ ]지방세납세증명서 [ ]그 밖의 자료 ( ) |
|---|---|---|
| | 대상물건의 상태에 관한 자료요구 사항 | |

| | 유의사항 |
|---|---|
| 개업공인중개사의 확인·설명 의무 | 개업공인중개사는 중개대상물에 관한 권리를 취득하려는 중개의뢰인에게 성실·정확하게 설명하고, 토지대장등본, 등기사항증명서 등 설명의 근거자료를 제시해야 합니다. |
| 실제 거래가격 신고 | 「부동산 거래신고등에 관한 법률」 제3조 및 같은 법 시행령 별표 1 제1호 마목에 따른 실제 거래가격은 매수인이 매수한 부동산을 양도하는 경우 「소득세법」 제97조 제1항 및 제7항과 같은 법 시행령 제163조 제11항 제2호에 따라 취득 당시의 실제 거래가액으로 보아 양도차익이 계산될 수 있음을 유의하시기 바랍니다. |

주거용으로 사용하는 오피스텔은 주거용 건축물의 중개대상물 확인설명서이다. 단독주택에는 단독, 다가구주택, 다중주택이 해당하며, 공동주택은 연립주택, 다세대주택, 아파트, 도시형 생활주택이 해당한다. (건축법 시행령 별표 1을 꼭 출력해서 책상 옆에 붙여놓자)

| 확인·설명 근거자료 등 | [ ※ ]등기권리증 [ 必 ]등기사항증명서 [ ◎ ]토지대장 [ 必 ]건축물대장 [ ◎ ]지적도 [ ◎ ]임야도 [ ◎ ]토지이용계획확인서 [ ■ ]확정일자 부여현황 [ ■ ]전입세대확인서 [ ■ ]국세납세증명서 [ ■ ]지방세납세증명서 [ ◎ ]그 밖의 자료 (    ) |
|---|---|

(必) 확인설명의 자료로 반드시 준비해야 하는 자료는, **등기사항증명서(권리관계), 건축물대장(사실관계)**이다. 누구의 집인지 권리관계를 설명해야 한다. 건축물의 정보를 설명해야 하므로 건축물대장도 필수이다. 일반적인 **주거용 임대차계약에서 필수 4종 계약서, 확인설명서, 등기사항증명서, 건축물대장**이다.

(※) 등기권리증의 경우, 대부분 계약 단계에서 생략되는 경우가 많다. 쉽게 생각해보자. 월세방 1칸 계약하는 데 집문서 들고 나오라고 하는 경우는 잘 없다. 등기사항증명서와 신분증을 대조하여 실제 소유자의 진의 여부를 확인한다.

**(■) 24년 하반기부터 임차인을 보호하기 위하여 새로 시행되는 확인설명서에서는, 확정일자 부여현황과 전입세대확인서, 국세 납세증명서, 지방세 납세증명서에 대한 자료요구와 제출 여부에 대한 확인**이 필요하다. ③ 임대차확인사항에서 상세히 다뤄보자. 우선 임대인이 제공했다면 체크, 제공하지 않았다면 공란으로 두어야 한다.

(◎) 토지대장, 지적도, 토지이용계획확인서의 경우, 단독주택의 매매에 있어서 필수 서류이다. 거래되는 권리에 직접적인 영향을 미치기 때문이다. 공동주택과 주거용 오피스텔의 경우 건물과 토지가 일체화된 집합건물이므로 토지에 관한 자료는 굳이 필요 없다. 하지만, 다다익선이라고 했던가! 관련 자료를 충분히 확인하고 설명하는 것은 업무에 분명히 도움되는 자세이다. 토지이용계획확인서는 "토지이음" 사이트에서 쉽게 출력 가능하니 자료 보충에 활용하자. 임야도는, 임야가 포함된 부동산 거래에 있어 필요하다.

그 밖의 자료에는 확인설명 근거자료로 활용한 내용을 모두 기입할 수 있다. 건축물 현황도, 선순위 임대차 계약서 등 최대한 상세히 작성하는 것이 거래의 안전성 확보와 당사자들의 보호를 위해 여러모로 유리하다.

　대상물건의 상태에 관한 **자료요구 사항에는 매도**(임대) **의뢰인에게 요구한 사항** 및 그 관련 자료의 제출 여부를 명시한다. **다음의 표를 한 번쯤 참고하는 것이 좋다.** 실제로 사용하는 공인중개사는 많지 않지만, 필요성이 있는 것이다. 알아두는 것이 좋다. 법에서는 "요구할 수 있다"로 규정하고 있고, 공인중개사법 시행령에는 **"자료요구에 불응한 경우, 그 사실을 기재하여야 한다"**고 규정하고 있다. 실제로 실무에서 많은 공인중개사가 문서화된 자료요구를 하지 않는다. 임대인의 진술 및 현장확인을 통해 확인설명서를 작성하는 현실이다. 요구에 불응한 사실을 기재하지 않고 있을 것이다.

　많은 공인중개사가 불응 사실을 기재하지 않고 있는 이유는 현실적으로 서류 제공에 응하는 임대인이 극히 드물기 때문이라 여겨진다. 이러한 현실에 비추어 시행령 위반으로 지도를 받은 사례가 없었을 것으로 추정된다.

---

**공인중개사법 제25조 및 공인중개사법 시행령 제21조**

**제25조(중개대상물의 확인·설명)**
② 개업공인중개사는 제1항에 따른 확인·설명을 위하여 필요한 경우에는 중개대상물의 매도의뢰인·임대의뢰인 등에게 해당 중개대상물의 상태에 관한 **자료를 요구할 수 있다.**

**제21조(중개대상물의 확인·설명)**
② 개업공인중개사는 매도의뢰인·임대의뢰인 등이 법 제25조 제2항의 규정에 따른 **중개대상물의 상태에 관한 자료요구에 불응한 경우에는 그 사실을 매수의뢰인·임차의뢰인 등에게 설명하고, 제3항의 규정에 따른 중개대상물 확인·설명서에 기재하여야 한다.**

| ■ 공인중개사법 제25조 제2항에 따른 매도(임대) 의뢰인 확인사항 ||||
|---|---|---|---|
| 대상물건의 상태에 관한 자료 요구사항 (주거용 건축물) <br> ([ ]단독주택 [ ]공동주택 [ ]매매·교환 [ ]임대) ||||
| ※ [ ]에는 해당되는 곳에 √표를 합니다. ||||
| 대상물건의 표시 | 소재지 |||
| ||||
| 매도(임대) 의뢰인 확인사항 ||||
| ① 실제 권리관계 또는 공시되지 않은 물건의 권리사항 | 아래 해당사항 || 없음[ ] 있음[ ] |
| | 법정지상권 || [ ]없음 [ ]있음 (내용 :                 ) |
| | 유치권 || [ ]없음 [ ]있음 (내용 :                 ) |
| | 토지에 부착된 조각물 및 정원수 || [ ]없음 [ ]있음 (내용 :                 ) |
| | 미분양주택 여부 || [ ]해당없음 [ ]미분양주택 cf. 공동주택 중 분양목적 주택에 한함 |
| | 임차인 현황 || 임대보증금총액 :         만 원(총     건) <br> 월차임총액 :         만 원(총     건) <br> 계약 기간 : 20  .  .  . ~20  .  .  . <br> cf. 임차인이 많을 경우 별지사용 <br> 장기수선충당금 처리(예 : 매도인 정산, 매수인이 승계, 해당없음) |
| | 임대차 보증금 가압류, 채권 양도 등 통지사실 || [ ]없음 [ ]있음 (내용 : 예 : 신용보증기금 가압류 1,000만 원) |
| | 근저당등 || [ ]없음 [ ]있음 (채권최고액 : 총   건,   만 원) |
| | 국세·지방세 체납 여부 || [ ]없음 [ ]있음 (체납액 : 총   건,   만 원) |
| | 경계 침범 여부 || [ ]없음 [ ]있음 (내용 : 예 : 해당 부지 남서쪽 약 10㎡ 인접 건물 침범) |
| | 위반건축물 || [ ]적법 [ ]위반 (내용 : 예 : 주택을 제1종근생 (슈퍼마켓)으로 개조) |
| | 경·공매 등 기타 특이사항 || [ ]없음 [ ]있음 (내용 : 예 : 경매·공매 진행 중, 실제 권리자 유·무 등) |

| | | 파손여부 | [ ]없음 [ ]있음 (위치 :            ) |
|---|---|---|---|
| ② 내부·외부 시설물의 상태(건축물) | 수도 | 용수량 | |
| | 전기 | 공급상태 | [ ]정상 [ ]교체필요 (교체할 부분:         ) |
| | 가스 (취사용) | 공급방식 | [ ]도시가스 [ ]기타 (         ) |
| | 소방 | 단독경보형감지기 | [ ]없음 [ ]있음 (수량:    개) ※「화재예방, 소방시설 설치·유지 및 안전관리에 관한 법률」제8조 및 같은 법 시행령 제13조에 따른 주택용 소방시설로서 아파트(주택으로 사용하는 층수가 5개 층 이상인 주택을 말한다)를 제외한 주택의 경우만 작성합니다. |
| | 난방방식 및 연료공급 | 공급방식 | [ ]중앙공급 [ ]개별공급  시설작동 [ ]정상 [ ]수선요함 (  ) |
| | | 종류 | [ ]도시가스 [ ]기름 [ ]프로판가스 [ ]연탄 [ ]기타 (         ) |
| | 승강기 | | [ ]있음([ ]양호 [ ]불량) [ ]없음 |
| | 배수 | | [ ]정상 [ ]수선필요 (내용:            ) |
| | 그 밖의 시설물 | 가정자동화 시설 | [ ]있음([ ]양호 [ ]불량) [ ]없음 |
| | | 기타 | |

| | 균열 | [ ]없음 [ ]있음 (위치 :            ) |
|---|---|---|
| ③ 벽면 및 상·하부 | 누수 | [ ]없음 [ ]있음 (위치 :            ) |

| | 일조량 | [ ]풍부함 [ ]보통임 [ ]불충분 (이유 :            ) |
|---|---|---|
| ④ 환경 조건 | 소음 | [ ]미미함 [ ]보통임 [ ]심한 편임  진동 [ ]미미함 [ ]보통임 [ ]심한 편임 |

「공인중개사법」 제25조 제2항의 규정에 의하여 개업공인중개사가 요청한 자료를 상기와 같이 조사하여 제출하며 상기사항은 틀림없음을 확인합니다.

년    월    일

| 매도(임대)<br>의뢰인<br>(보내는 사람) | 주소 | | 성명 | |
| --- | --- | --- | --- | --- |
| | 생년월일 | | 전화번호 | |
| 개업<br>공인중개사<br>(받는 사람) | 등록번호 | | 성명 | |
| | 사무소 명칭 | | 소속공인중개사 | |
| | 사무소 소재지 | | 전화번호 | |

※ 본 내용은 저적권법에 따른 저작물이므로 무단사용 및 전재를 금합니다. 개업공인중개사의 확인·설명의무로 확정되지 않은 내용이 의뢰인 보호목적에서 포함되어 있습니다.

KAR 한국공인중개사협회

위의 표와 같은 한국공인중개사협회의 양식을 사용하여, 매도인(임대인)에게 자료를 요청하는 중개사도 있을 것이다. 하지만 그 실효성이 미흡하여 잘 활용되지 않는 경우가 많다. 효과적인 업무방식으로 개선되었으면 하는 바람이다.

**대법원 2012. 1. 26. 선고 2011다63857 판결 [손해배상(기)]**
공인중개사의 권리관계 설명에 있어서, 임차인이 다른 소액임차인보다 후순위에 있게 되어 보증금을 반환받지 못하자, 공인중개사의 손해배상책임을 인정한 판례이다.

<작성 예시>

| 확인·설명 자료 | 확인·설명 근거자료 등 | [ ]등기권리증 [V]등기사항증명서 [ ]토지대장 [V]건축물대장 [ ]지적도 [ ]임야도 [ ]토지이용계획확인서 [V]확정일자 부여현황 [V]전입세대확인서 [V]국세납세증명서 [V]지방세납세증명서 [V] 그 밖의 자료 (건축물 현황도) |
|---|---|---|
| | 대상물건의 상태에 관한 자료 요구사항 | 대상물건의 상태에 관한 요구사항(공인중개사협회의 양식)을 요구하였으나 임대인이 불응하여, 상기 확인설명 근거자료 및 임대인의 진술, 현장확인으로 확인설명서를 작성함 |

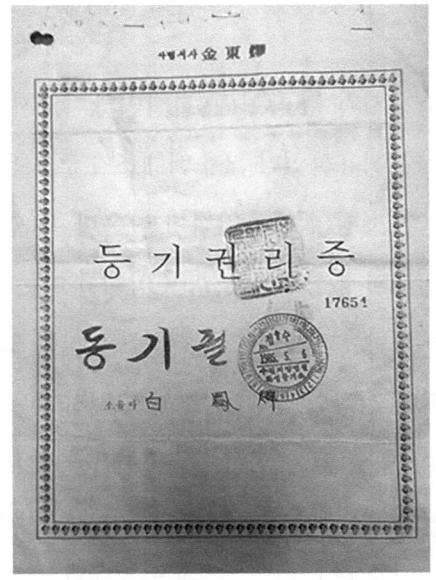

<1985년 등기권리증>

# 02

# 건축물 도면의 요청

　다가구주택 쪼개기가 한창이던 시절이었다. 지구단위계획에서 1주택에 5가구까지 허용하였다. 1주택에 5가구를 용적률에 맞춰 건축하면 1가구에 약 20평의 전용면적이 나온다. 당연히 쓰리룸 구조다. 임대인들은 원룸과 투룸으로 쪼개어 임대를 놓는다.

　쓰리룸을 찾는 사람보다 원룸 또는 투룸을 찾는 임차인이 훨씬 많다. 지구단위계획이 시장의 수요를 전혀 고려하지 못하는 상황인 것이다. 중개사는 어쩔 수 없이 위반건축물임을 알고도 임대차 계약을 체결할 수밖에 없다. 당연히 확인설명서에 위반 소지를 명시해야 하지만, 그렇지 않은 경우도 많다. 어떻게 적용해야 할지 몰라서, 건축물대장에 "위반"이 안 찍혀 있으니까, 임대인이 싫어해서 등의 여러 가지 이유로 공인중개사의 의무를 위반한다. 추후 위반건축물에 등재되면 확인설명을 제대로 하지 않은 공인중개사만 피해를 본다. 실제로, 계약 해지를 원하는 임차인이 중개보수를 부담하기 싫어서 위반건축물에 대해 제보를 하는 경우도 보았다. 확인설명서에는 건축물대장상 위반 여부를 체크하도록 되어 있다. 그럼 어떻게 대처해야 할까?

⑩ 실제 권리관계 또는 공시되지 않은 물건의 권리 사항에서 위반건축물에 대한 부분을 짚고 넘어가자. 잠재적 위반 소지에 대한 명시가 필요한데 적절한 설명 공간이 ⑩밖에 없다는 것이 내 판단이다. 눈에 띄는 위반건축물이 있는가 하면, 눈에 띄지 않는 위반건축물이 있다. 건축물대장에 "위반"이 명시된 위반건축물이 있다. 그리고 건축물대장에 **"위반"이 명시되지 않은 잠재적 위반건축물**이 있다. 건축물대장에는 위반건축물로 명시가 되지 않았지만, 위반건축물의 소지가 있는 부분이 있다면, 반드시 임대인, 매도인에게 **건축물 도면을 요청**하고 그 내용을 ⑩에 명시하여야 한다. ⑩이 아니라도 어딘가에는 명시하여야 한다.

예를 들면, 베란다에 지붕을 덮어 만든 발코니, 외벽에 구조물을 더해 만든 보일러실 등이 대표적인 예이다. 임대차 계약 당시에는 위반건축물이 기록되지 않은 상태였지만, 임대차 계약 체결 이후, 위반건축물이 되었을 때는 계약 해지의 사유가 될 수 있다.

<발코니 증축>

<외벽 구조물 보일러실>

매매계약 당시, 발코니 증축의 "위반"이 건축물대장에 등재되지 않았다고 해서, "적법"한 건물이라는 설명만 하고, 위반 가능성을 설명하지 않았다면 중개사고가 될 수 있다. 계약을 진행할 때 알리지 않은 매도인도 책임을 면할 수 없다. 가장 큰 책임은 확인설명 의무를 다하지 않은 공인중개사이다. 매수인에게는 이행강제금이 부과될 것이고, 매매목적물의 발코니가 철거된다면 부동산의 가치는 상당 부분 감소하게 된다.

철거의 비용도 문제가 될 것이다. 매매 목적물의 현저한 가치감소가 있다면, 손해배상은 물론 계약의 해제사유까지 될 수 있다. 특히, 공인중개사사무실이 있는 건물의 공용 부분에 무단증축 등의 이유로 위반건축물이 될 경우, 이 위반건축물은 건물 전체에 영향을 미치게 되고, 공인중개사사무소는 위반건축물에 있는 시설물이 되어, 등록관청에서는 개설등록을 취소하여야 할 사유가 된다.

> **법력해석 요약-안건번호 14-0415 회신일자 2014-07-10**
>
> 한편, 집합건축물의 공용 부분과 관련하여 공인중개사법 제38조 제2항 제1호에서의 "중개업자가 같은 법 제9조 제3항의 규정에 의한 등록 기준에 미달하게 된 경우"를 같은 항에서 정한 다른 취소사유에 비추어 해당 중개업자의 행위로 인하여 등록 기준에 미달하게 된 경우로 제한적으로 해석하여야 할 것이고, **정상적으로 중개사무소를 개설등록하여 공인중개사의 업무를 수행하던 중개업자가 해당 위반행위에 대한 책임이 없는 경우, 즉, 다른 사람의 해당 중개사무소 외 부분에 대한 「건축법」상 위반행위라는 우연한 사정에 따라 중개사무소 개설등록이 취소되는 것은 부당하므로**, 이 사안에서 집합건축물의 공용 부분에 「건축법」상 위반행위가 발생한 경우에는 **중개사무소 개설등록 취소사유에 해당하지 않는다는 의견이 있을 수 있으나**, 같은 법 제38조 제2항에서는 취소사유에 해당하는 경우 "취소할 수 있다"라고 규정하고 있어, 위와 같은 사정은 취소 여부를 판단함에 있어 고려하여야 할 요소가 될 수는 있다고 하더라도, **취소사유에서 제외되는 것으로 해석하는 것은 법령의 문언해석의 범위를 넘어서는 것이어서 타당하지 않다고 할 것입니다.**

따라서, 집합건축물의 전유 부분 중 일부에 중개사무소를 개설등록한 후 해당 중개사무소 외의 전유 부분에 「건축법」상 위반행위가 발생하여 건축물대장에 "위반건축물"이라는 표시가 기재된 경우는 공인중개사법 제38조 제2항 제1호에 따른 중개사무소 개설등록 취소사유에 해당하지 않는다고 할 것이지만, 해당 **집합건축물의 공용 부분에 「건축법」상 위반행위가 발생하여 건축물대장에 "위반건축물"이라는 표시가 기재된 경우는 공인중개사법 제38조 제2항 제1호에 따른 중개사무소 개설등록 취소사유에 해당**한다고 할 것입니다.

그러므로 위반건축물로 의심이 되는 경우가 있다면, 계약 체결 전 임대인에게 열람을 요청하거나, 중개 의뢰에 대한 서면을 준비하여 미리 현황도면을 열람하는 것이 현명하다고 할 수 있다. 도면을 보고, 현황과 비교를 해서 위반건축물의 우려가 있다면 이를 설명을 하고 근거를 남겨 중개사고를 예방할 수 있다.

---

**건축물대장의 기재 및 관리 등에 관한 규칙**

**제11조(건축물대장 등본·초본의 발급 및 열람)**
① 건축물대장의 등본·초본을 발급받거나 열람하려는 자는 다음 각 호 중 **필요한 부분(3. 건축물 현황도)을 선택해** 특별자치시장·특별자치도지사, 시장·군수·구청장(자치구가 아닌 구의 구청장을 포함한다) 또는 읍·면·동장(이하 "등본·초본발급 또는 열람기관의 장"이라 한다)에게 신청해야 하고, 등본·초본발급 또는 열람기관의 장은 그에 따라 **건축물대장의 등본·초본을 발급하거나 열람하게 하여야 한다.**
③ 제1항에 따라 발급하거나 열람하게 하는 **건축물현황도 중 평면도 및 단위세대평면도는 건축물 소유자의 동의를 얻거나 다음 각 호의 어느 하나에 해당하는 경우에만 발급하거나 열람하게 할 수 있다.** <개정 2011. 9. 16., 2021. 7. 12., 2023. 8. 1.>
1. 건축물 소유자의 배우자와 직계 존·비속 및 그 배우자가 신청하는 경우
2. 국가 또는 지방자치단체가 신청하는 경우
3. 건축물이 경매·공매 중이거나 건축물에 대한 법원의 감정 촉탁이 있는 경우
4. 다음 각 목의 어느 하나에 해당하는 자가 그 **의뢰 사실을 증명할 수 있는 서류를 첨부**해 신청하는 경우
  가. 건축물의 소유자로부터 건축물의 설계·시공 또는 **중개 등을 의뢰받은 자**
  나. 건축물의 관리자로부터 건축물의 점검을 의뢰받은 자
5. 해당 건축물의 임차인(賃借人)이 신청하는 경우

# 03

# 기본 확인사항

공인중개사의 기본 확인사항은 소유자가 누구인지, 토지와 건물은 몇 평, 용도는 무엇인지이다. 대상물건의 표시는 건축물대장을 통해 확인한 내용을 적고, 권리관계는 등기사항증명서를 확인하여 적는다. **주거용 임대차 계약의 필수 4종! 계약서, 확인설명서, 등기사항증명서, 건축물대장.**

| Ⅰ. 개업공인중개사 기본 확인사항 | | | | | | |
|---|---|---|---|---|---|---|
| ① 대상물건의 표시 | 토지 | 소재지 | | | | |
| | | 면적(㎡) | | 지목 | 공부상 지목 | |
| | | | | | 실제 이용상태 | |
| | 건축물 | 전용면적(㎡) | | | 대지지분(㎡) | |
| | | 준공년도 (증개축년도) | | 용도 | 건축물대장상 용도 | |
| | | | | | 실제 용도 | |
| | | 구조 | | 방향 | | (기준: ) |
| | | 내진설계 적용 여부 | | 내진능력 | | |
| | | 건축물대장상 위반건축물 여부 | [ ]위반<br>[ ]적법 | 위반 내용 | | |

①의 경우, 건축물대장을 확인하여서 기재한다. 공부상의 지목(토지), 용도(건물)와 실제의 이용상태, 실제의 용도가 일치하지 않는 경우도 실제 이용상태에 대한 표기가 이루어져야 한다. 내진설계의 경우, 건축물대장에 기록된 사항으로 표시할 수밖에 없는데, 기록이 없는 경우, "건축물대장에 내진설계 적용 여부 및 내진능력 기록 없음"으로 표시한다. 참고로 우리나라의 "내진설계 의무대상 확대 연혁"은 다음과 같다.

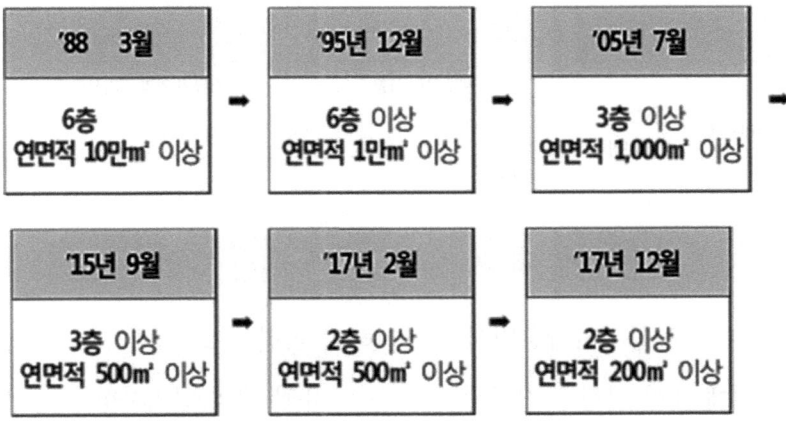

2005년 7월부터, 3층 이상 연면적 300평 이상의 중형 건물은 내진설계 의무 대상이다. 2015년 9월부터 3층 이상 연면적 150평 이상의 건물은 내진설계 의무 대상이다. 2018년 이후부터는 2층 이상 60평 이상의 모든 건축물이 내진설계 의무 대상이다. 소형 건축물을 제외한 대부분 건축물이 내진설계 대상이 된다고 볼 수 있다(규제가 하나씩 늘어나면서 비용은 계속 증가한다. 사업은 빨리 시작하는 게 맞다. ASAP).

> **건축법 제48조의3(건축물의 내진능력 공개)**
> 
> ① 다음 각 호의 어느 하나에 해당하는 건축물을 건축하고자 하는 자는 제22조에 따른 사용승인을 받는 즉시 건축물이 지진 발생 시에 견딜 수 있는 능력(이하 "내진능력"이라 한다)을 공개하여야 한다. 다만, 제48조 제2항에 따른 구조안전 확인 대상 건축물이 아니거나 내진능력 산정이 곤란한 건축물로서 대통령령으로 정하는 건축물은 공개하지 아니한다.
> 1. **층수가 2층**[주요 구조부인 기둥과 보를 설치하는 건축물로서 그 기둥과 보가 목재인 목구조 건축물(이하 "목구조 건축물"이라 한다)의 경우에는 3층] 이상인 건축물
> 2. **연면적이 200제곱미터**(목구조 건축물의 경우에는 500제곱미터) 이상인 건축물
> 3. 그 밖에 건축물의 규모와 중요도를 고려하여 대통령령으로 정하는 건축물

| ② 권리관계 | 등기부 기재사항 | 소유권에 관한 사항 | | 소유권 외의 권리사항 | |
|---|---|---|---|---|---|
| | | 토지 | | 토지 | |
| | | 건축물 | | 건축물 | |

②의 경우 등기사항증명서를 확인하여 적힌 대로 기재하면 된다. 소유권에 대한 사항은 갑구의 내용을, 소유권 외의 권리사항은 을구의 내용을 기재하면 된다. 확인설명서 양식에 공란의 크기가 다소 작아 아쉬움이 있지만, 글씨 크기를 잘 조절하여 입력하면 된다.

# 04
# 임대차확인사항

　공인중개사는 주택 임대차 중개 시 주택의 상태, 선순위 담보물권 등 권리관계 등을 확인하고 임차인에게 자세히 설명할 의무가 있다. 공인중개사법 제25조에는 소유권·전세권·저당권·지상권 및 임차권 등 재산권 관련 사항이라고 표시를 하고 있다. 선순위보증금, 임대인의 체납세금, 임차인 보호제도 등 임대차 주요 정보에 대해서는 명시적인 규정이 없어 임차인 보호에 한계가 있었다. 공인중개사 역시, 임대인의 진술에 의존하는 경우가 많다.

　공인중개사가 임대차 중개 시, 미납세금, 확정일자 현황, 최우선변제금, 임대보증금에 대한 보증을 설명토록 확인·설명 사항을 구체화하였다. 변경된 확인설명서 양식으로 사용하여야 한다. 2024년 7월 10일 시행.

| ③ 임대차 확인사항 | 확정일자 부여 현황 정보 | | [ⓐ]임대인 자료 제출 [ⓑ]열람 동의 | | [ⓒ]임차인 권리 설명 | |
|---|---|---|---|---|---|---|
| | 국세 및 지방세 체납정보 | | [ⓐ]임대인 자료 제출 [ⓑ]열람 동의 | | [ⓒ]임차인 권리 설명 | |
| | 전입세대 확인서 제출 | | [ⓓ]제출(확인서류 첨부) [ⓔ]미제출  [ⓕ]해당없음 | | | |
| | 최우선변제금 ⓖ | 소액임차인범위 : | | 만 원   최우선변제금액 :   만 원 | | |
| | 민간 임대 등록 여부 | ⓗ 등록 | [ ]장기일반민간임대주택 [ ]공공지원민간임대주택 [ ]그 밖의 유형 (       ) | | [ⓘ]임대보증금 보증 설명 | |
| | | | 임대의무기간 | 임대개시일 | | |
| | | 미등록 | [ ]해당사항 없음 | | | |
| | 계약갱신 요구권 행사 여부 | | [ⓙ]확인 (확인서류 첨부)  [ ]미확인  [ ]해당없음 | | | |

※ 주택임대사업자는 「민간임대주택에 관한 특별법」 제49조에 따라 임대보증금에 대한 보증에 가입하여야 합니다.
※ 임차인에 대한 권고사항 : 주택도시보증공사(HUG) 등이 운영하는 전세보증금 반환보증 가입
※ 임대차 계약 후 「부동산거래신고법」 제6조의2에 따라 30일 이내 신고하여야 합니다(신고 시 확정일자 자동부여).
※ 최우선변제금은 근저당권 등 선순위 담보물권 설정 당시의 소액임차인 범위 및 최우선변제금액을 기준으로 합니다.

(5쪽 중 제2쪽)

| <서명란> 임대차확인 사항 확인·설명 | 개업공인중개사가 "③ 임대차확인사항"을 임대인 및 임차인에게 설명하였음을 확인함 | 개업 공인중개사 | (서명 또는 날인) |
|---|---|---|---|
| | | 임대인 | (서명 또는 날인) |
| | | 임차인 | (서명 또는 날인) |

③ 임대차확인사항은 「주택임대차보호법」 제3조의7에 따라 **임대인이 확정일자 부여일, 차임 및 보증금 등 정보**(확정일자 부여현황 정보)·국세 및 지방세 납세증명서(국세 및 지방세 체납정보)의 제출 또는 열람 동의

로 갈음했는지 구분하여 표시한다.

ⓐ와 ⓑ의 경우, 확정일자 부여현황 정보와 국세 및 지방세 체납정보를 임대인이 자료를 제출하였는지 또는 열람 동의를 하였는지를 표시하는 것이다. 임대차계약을 체결할 때 임대인은 확정일자 부여현황 및 임대차 내역, 국세·지방세의 납세증명서를 제시하도록 주택임대차보호법에 명시하고 있다. 과거에는 제시하지 않는 경우가 대부분이었지만, 이제는 제시하여야 한다.

> **주택임대차보호법 제3조의7**
>
> 임대차 계약을 체결할 때 임대인은 다음 각 호의 사항을 임차인에게 제시하여야 한다.
> 1. 제3조의6 제3항에 따른 해당 주택의 확정일자 부여일, 차임 및 보증금 등 정보. 다만, 임대인이 임대차 계약을 체결하기 전에 제3조의6 제4항(임대인의 동의를 받아 정보제공 요청)에 따라 동의함으로써 이를 갈음할 수 있다.
> 2. 「국세징수법」 제108조에 따른 납세증명서 및 「지방세징수법」 제5조 제2항에 따른 납세증명서. 다만, 임대인이 임대차 계약을 체결하기 전에 「국세징수법」 제109조 제1항에 따른 미납 국세와 체납액의 열람 및 「지방세징수법」 제6조 제1항에 따른 미납 지방세의 열람에 각각 동의함으로써 이를 갈음할 수 있다.

ⓒ는 임대차 계약을 체결하려는 임차인에게 해당 건물의 확정일자 부여현황 정보와 임대인의 체납정보를 열람할 권리가 있다는 설명을 했는지 표시한다. 「공인중개사법」 제25조의3에 개업공인중개사가 반드시 설명하여야 한다. 당연히 설명하고 항상 표시되어 있어야 한다.

> **공인중개사법 제25조의3**(임대차 중개 시의 설명의무)
>
> 개업공인중개사는 주택의 임대차 계약을 체결하려는 중개의뢰인에게 다음 각 호의 사항을 설명하여야 한다.
> 1. 「주택임대차보호법」 제3조의6 제4항에 따라 확정일자 부여기관에 정보제공을 요청할 수 있다는 사항
> 2. 「국세징수법」 제109조 제1항·제2항 및 「지방세징수법」 제6조 제1항·제3항에 따라 임대인이 납부하지 아니한 국세 및 지방세의 열람을 신청할 수 있다는 사항

ⓓ와 ⓔ에서 임대인이 전입세대 확인서류를 제출했는지 여부를 표시한다. "매매, 임대인 거주, 공실 등 확인서류 열람 발급이 불가능한 경우에는 ⓕ 해당없음으로 한다"라고 확인설명서 양식의 후단에 명시하고 있다. 현실은 매매든, 임대인이 거주하고 있든, 공실이든 전입세대 확인을 해볼 필요가 있다. 이전의 세입자가 주소이전을 하지 않은 경우도 실무에서는 종종 있는 일이다(제발 이런 양식 만들 때, 국토부에서 나를 좀 불러줬으면 좋겠다).

ⓖ **최우선변제금은 선순위 담보물권 기준으로 작성**한다. 「주택임대차보호법 시행령」 제11조(보증금 중 일정액의 범위 등), 제10조(우선변제를 받을 임차인의 범위)를 확인하여 각각 적되, 근저당권 등 선순위 담보물권이 설정된 경우 **선순위 담보물권 설정 당시의 소액임차인 범위 및 최우선변제금액을 기준으로 적어야 한다.** 이때, 대항력을 갖추기 위한 조건, **인도 및 점유와 주민등록, 익일 효력**에 대한 설명이 같이 되어야 한다.

> **주택임대차보호법 시행령**
>
> **제3조(대항력등)**
> ① 임대차는 그 등기(登記)가 없는 경우에도 임차인(賃借人)이 주택의 **인도(引渡)와 주민등록**을 마친 때에는 그 다음날부터 제3자에 대하여 효력이 생긴다. 이 경우 전입신고를 한 때에 주민등록이 된 것으로 본다.
>
> **제8조(보증금 중 일정액의 보호)**
> ① 임차인은 보증금 중 일정액을 다른 담보물권자(擔保物權者)보다 우선하여 변제받을 권리가 있다. 이 경우 임차인은 주택에 대한 경매신청의 등기 전에 제3조 제1항(**인도와 주민등록**)의 요건을 갖추어야 한다.

ⓗ "민간임대 등록 여부"는 대상물건이 「민간임대주택에 관한 특별법」에 따라 등록된 민간임대주택인지 여부를 같은 법 제60조에 따른 임대주택 정보체계에 접속하여 확인하거나 임대인에게 확인하여 "[ ]" 안에 V로 표시하고, 민간임대주택인 경우 「민간임대주택에 관한 특별법」에 따른 권리·의무사항을 임대인과 임차인에게 설명해야 한다.

> **「민간임대주택에 관한 특별법」에 따른 권리·의무사항**
>
> **민간임대주택은 「민간임대주택에 관한 특별법」 제5조에 따른 임대사업자가 등록한 주택으로서, 임대인과 임차인 간 임대차 계약(재계약 포함) 시 다음과 같은 사항이 적용됩니다.**
> ① 같은 법 제44조에 따라 임대의무 기간 중 임대료 증액청구는 5퍼센트의 범위에서 주거비 물가지수, 인근 지역의 임대료 변동률 등을 고려하여 같은 법 시행령으로 정하는 증액비율을 초과하여 청구할 수 없으며, 임대차 계약 또는 임대료 증액이 있은 후 1년 이내에는 그 임대료를 증액할 수 없습니다.
> ② 같은 법 제45조에 따라 임대사업자는 임차인이 의무를 위반하거나 임대차를 계속하기 어려운 경우 등에 해당하지 않으면 임대의무 기간 동안 임차인과의 계약을 해제·해지하거나 재계약을 거절할 수 없습니다.

ⓘ "계약갱신요구권 행사 여부"는 대상물건이 「주택임대차보호법」의 적용을 받는 주택으로서 임차인이 있는 경우 매도인(임대인)으로부터 계약갱신요구권 행사 여부에 관한 사항을 확인할 수 있는 서류를 받으면 "확인"에 V로 표시하여 해당 서류를 첨부하고, 서류를 받지 못한 경우 "미확인"에 V로 표시하며, 임차인이 없는 경우에는 "해당없음"에 V로 표시한다. 이 경우 개업공인중개사는 「주택임대차보호법」에 따른 임대인과 임차인의 권리·의무 사항을 매수인에게 설명해야 한다.

계약갱신요구권의 행사 여부에 따라 이해관계가 발생하고, 임대인과 임차인의 입장 차이가 있으므로 명확하게 설명할 필요가 있다. 최초 계약 시에는 당연히 계약갱신요구권의 행사 여부는 해당없음이고, 갱신계약 시에는 특약사항에 계약갱신요구권을 사용하는 여부에 대해 명시하는 경우가 많다. 특약에 명시하더라도 확인설명서에 한 번 더 표기해주면 된다.

ⓘ 임대보증금 보증 설명에 대한 공란이 있다. 국토교통부 확인설명서 참고자료에는 어떠한 설명이 없다. 내가 생각하는 임대보증금 보증에 대한 설명을 관련 근거와 함께 다음과 같이 설명한다.

> **임대보증금 보증설명**
>
> 주택도시보증공사(HUG)가 관리하는 기업보증 중 임대보증금 보증을 의미한다. 공공건설 임대주택을 건설한 **민간임대사업자가 임대차 계약을 체결한 임차인에게 임대보증금을 반환하지 않는 경우**, 임대보증금 약관에 따라 공공건설 임대주택의 임차인에게 발생할 일정 기준의 임대보증금을 책임지는 보증이다.
>
> 보증금액은 임대보증금만큼 보증하며, 보증 기간은 보증서 발급일로부터 1년, 2년 또는 임대차 계약종료일(최대 4년)까지 선택 가능하다. 보증신청은 신규 보증의 경우 임대차 계약 개시일, 갱신보증의 경우 종전보증서의 보증 기간 만료일 기준 1개월 전부터 가능하다.
>
> ★ 보증료=보증금액×보증료율*(0.073~0.438%)×보증 기간에 해당하는 일수/365
> ㄴ, 보증료율은 민간임대사업자의 신용평가등급 및 부채비율에 따라 달라짐

ⓐ~ⓘ까지 임대차확인사항에 대해, 임차인에게 열람할 수 있는 권리가 있음을, 그리고 임대인이 열람해주었는지, 열람에 동의해주었는지에 대한 부분을 설명하고, 설명을 들었다는 확인을 반드시 받아야 한다.

# 05

# 토지에 관한 사항

　임대차확인사항에 대한 확인설명이 끝났다면, 토지이용의 제한사항에 대해 확인설명한다. 이때는 반드시 토지이용계획확인원을 출력하여 용도에 맞는 내용을 적어야 한다.

　④ 토지이용계획, 공법상 이용제한 및 거래규제에 관한 사항(토지)의 "건폐율 상한 및 용적률 상한"은 시·군의 조례에 따라 적고, "도시·군계획시설", "지구단위계획구역, 그 밖의 도시·군관리계획"은 개업공인중개사가 확인하여 적으며, "그 밖의 이용제한 및 거래규제사항"은 토지이용계획확인원의 내용을 확인하고, 공부에서 확인할 수 없는 사항은 부동산종합공부시스템 등에서 확인하여 적는다(임대차의 경우에는 생략할 수 있다). 이렇게 국토교통부에서는 설명하고 있다. 다음 예시의 토지이용계획확인원을 보면서 설명하자.

| 소재지 | 서울특별시 송파구 가락동 9-1번지 | | |
|---|---|---|---|
| 지목 | 대 ❓ | 면적 | 136.4 m² |
| 개별공시지가(m²당) | 4,620,000원 (2024/01) 연도별보기 ㉆R㉅3한국부동산원 부동산공시지가알리미 | | |
| 지역지구등 지정여부 | 「국토의 계획 및 이용에 관한 법률」에 따른 지역·지구등 | 도시지역, 준주거지역, 개발행위허가제한지역(2020-01-02), 도로(2021-12-24)(접함), 도로(접함), 도시철도, 조망가로특화경관지구 | |
| | 다른 법령 등에 따른 지역·지구등 | 가축사육제한구역<가축분뇨의 관리 및 이용에 관한 법률>, 가로구역별 최고높이 제한지역(2015-08-27)<건축법>, 대공방어협조구역(위탁고도:77-257m)<군사기지 및 군사시설 보호법> | |
| 「토지이용규제 기본법 시행령」 제9조 제4항 각 호에 해당되는 사항 | 도시관리계획 입안중(2022-10-06)(지구단위계획구역입안), 토지거래계약에관한허가구역 | | |

| ④ 토지이용계획, 공법상 이용제한 및 거래규제에 관한 사항 (토지) | 지역·지구 | 용도지역 | ⓑ 도시지역, 준주거지역 | 건폐율 상한 | 용적률 상한 |
|---|---|---|---|---|---|
| | | 용도지구 | ⓑ 조망가로특화경관지구 | ⓐ% | ⓐ% |
| | | 용도구역 | ⓑ 개발행위허가한지역 | | |
| | 도시·군계획 시설 | ⓒ 도로(접함) 2개소 도시철도 투기지역 여부 | 허가·신고 구역 여부 | [ⓕ]토지거래허가구역 | |
| | | | | [ⓖ]토지투기지역 [ ]주택투기지역 [ ]투기과열지구 | |
| | 지구단위계획구역, 그 밖의 도시·군관리계획 | ⓓ 도시관리계획 입안 중 (지구단위계획구역입안) | 그 밖의 이용제한 및 거래 규제 사항 | ⓔ 가축사육제한구역, 가로구역별 최고 높이, 대공방어협조구역 | |

　ⓐ의 건폐율과 용적률의 상한을 표기할 때는 시, 군의 "도시계획 조례"를 확인하여 적는다. **단 지구단위계획구역 내에서 지구단위계획으로 건폐율과 용적률에 대한 별도의 규정을 두고 있는 경우는 지구단위계획의 건폐율과 용적률에 대한 표시가 이루어져야 한다. 인센티브 항목에 따라 범위로 표시되는 경우도 충실히 포함**해야 한다.

　ⓑ의 용도지역, 용도지구, 용도구역은 토지이용계획확인원을 열람하여 기입한다. 자세한 용도지역에 관한 내용은 부록에서 꼭 확인하

자. 공부해야 잘 설명할 수 있다.

ⓒ 도시군계획시설은 기반시설 중 「국토의 계획 및 이용에 관한 법률」에 따라 도시·군관리계획으로 결정·고시된 시설을 말한다. 기반시설의 설치는 도로 등과 같이 반드시 도시·군관리계획으로 결정하여 설치하는 경우와 체육시설 등과 같이 도시·군관리계획으로 결정하지 않고도 설치하는 경우로 구분되며, 기반시설 중 도시·군관리계획으로 결정하여 설치하는 시설이 도시·군계획시설에 해당한다.

도시군계획시설에 해당하는 기반시설에는 도로, 체육시설, 시장, 공공청사, 문화시설, 연구시설, 사회복지시설, 장례식장, 종합의료시설, 항만, 공항, 유원지, 유통업무시설, 학교 등이 있다. 도시군계획시설은 특별한 경우를 제외하고 용도지역, 용도지구 안에서의 건축제한을 받지 않고 설치할 수 있다.

대지에 도시군계획시설인 도로, 공원 등이 있는 경우, 도시군계획시설에 포함되는 면적은 대지면적서 제외된다. 실제로, 토지를 거래하면서 도시군계획시설이 포함된 토지를 거래할 일은 매우 드물 것이다. 도시군계획시설은 즉, 도로, 학교, 공원 등 기반시설은 지자체 또는 국가의 소유가 대부분이다.

ⓓ의 지구단위계획구역, 그 밖의 도시군관리계획 역시, 토지이용계획확인원을 토대로 작성하였다.

ⓔ 그 밖의 이용제한 및 거래규제 사항에서는 부동산 공법(국토의 계

획 및 이용에 관한 법률) 및 이외의 다른 법령을 근거로 토지이용에 제한을 두는 구역, 지역을 명기하였다.

ⓕ 토지거래허가구역의 경우 역시 토지이용계획확인원에 근거하여 작성한다.

ⓖ의 투기지역 여부에 대해 알아보자. 투기지역이란 전국 부동산 가격상승률 및 물가상승률 등을 감안하여, 부동산가격이 급등하거나 급등할 우려가 있어 기획재정부장관이 부동산가격안정심의위원회의 심의를 거쳐 지정하는 지역을 말한다. 집값 상승률을 고려했을 때, 주택투기지역이 된다. 토지가격을 고려했을 때, 토지투기지역이 된다. 투기과열지구와 이름은 비슷하지만 전혀 다른 명칭이다. 조정대상지역과도 전혀 다르게 사용된다. **기획재정부 → 법령 → 고시/공고/지침 → 공고 검색창에 "부동산"으로 검색하여 확인할 수 있다.**

| 기획재정부 공고 샘플 |
|---|
| ⊙ 기획재정부 공고 제2023-1호<br>「소득세법」 제104조의2 및 같은 법 시행령 제168조의3에 따라 부동산에 대한 지정지역을 다음과 같이 해제 · 공고합니다.<br><div align="right">2023년 1월 5일<br>기획재정부장관</div> |
| 1. 주택(이에 딸린 토지를 포함) 지정지역에서 해제되는 지역<br>서울특별시 성동구 · 노원구 · 마포구 · 양천구 · 강서구 · 영등포구 · 강동구 · 종로구 · 중구 · 동대문구 · 동작구<br><br>2. 부칙<br>이 공고는 공고한 날부터 시행한다. |
| 위의 공고로 남은 지정현황(24년 6월 현재) |
| **서울특별시 강남구, 서초구, 송파구, 용산구** |

하나의 공고만 보아서는 알 수 없다. 해제되는 지역만 알려준다. 모든 공고를 추적 관리해야만 알 수 있다. 기획재정부 공고를 하면서, 해제되는 지역, 남아 있는 지역 구분해서 공고를 해주면 좋으련만, 서비스 정신이 부족하다. 보는 사람의 입장을 배려하지 않는다. 이택스코리아(www.etaxkorea.net)와 같은 기업 홈페이지에서 변동현황을 일목요연하게 정리해 놓은 것을 나는 주로 참고한다. 앞에서 언급된 주택지정지역은 주택투기지역을 말한다.

토지투기지역은 2008년 11월 전국이 해제된 이후, 한 번도 지정되지 않았다. 그래서 기획재정부 홈페이지에서도 흔적을 찾을 수 없었다. 토지의 경우, 투기지역 대신 토지거래 허가구역을 활용하여 지가를 안정화하려는 추세다.

투기과열지구는 국토교통부장관 또는 시·도지사는 주택가격의 안정을 위하여 필요한 경우에 일정한 지역을 투기과열지구로 설정할 수 있으며, 투기과열지구 지정으로 지방, 대도시 내 신규 분양시장의 투기수요를 조기에 차단하고, 무주택자 등 실수요자에게 주택을 우선적으로 공급하는 계기를 마련하기 위한 정책이다. 투기과열지구는 분양권 전매제한, 청약 1순위 자격제한 등 주택공급 질서를 확립하기 위한 제도이다. 양도소득세를 실거래가로 부과하기 위하여 기획재정부장관이 지정한 투기지역과는 별개의 제도이다.

투기과열지구와 조정대상지역은 주택법에 의해 구분된다. 현재 남아 있는 주택투기지역인 서울 강남, 서초, 송파, 용산 4개 구는 투기과열지구와 조정대상지역에도 모두 해당한다.

> **주택법 63조, 63조의2**
>
> **제63조(투기과열지구의 지정 및 해제)**
> ① 국토교통부장관 또는 시·도지사는 주택가격의 안정을 위하여 필요한 경우에는 주거정책심의위원회의 심의를 거쳐 일정한 지역을 투기과열지구로 지정하거나 이를 해제할 수 있다. 이 경우 투기과열지구는 그 지정 목적을 달성할 수 있는 최소한의 범위에서 시·군·구 또는 읍·면·동의 지역 단위로 지정하되, 택지개발지구 등 해당 지역 여건을 고려하여 지정 단위를 조정할 수 있다.
>
> **제63조의2(조정대상지역의 지정 및 해제)**
> ① 국토교통부장관은 다음 각 호의 어느 하나에 해당하는 지역으로서 **대통령령**으로 정하는 기준을 충족하는 지역을 주거정책심의위원회의 심의를 거쳐 조정대상지역으로 지정할 수 있다. 이 경우 제1호에 해당하는 조정대상지역은 그 지정 목적을 달성할 수 있는 최소한의 범위에서 시·군·구 또는 읍·면·동의 지역 단위로 지정하되, 택지개발지구 등 해당 지역 여건을 고려하여 지정 단위를 조정할 수 있다.

현재 남아 있는 투기과열지구는 다음과 같다.

| 지정일자 | 지정지역(4개) |
|---|---|
| 2017. 8. 3. | 서초구, 강남구, 송파구, 용산구(4개 구) |

「주택법」제64조에 따른 분양권 전매제한
「도시 및 주거환경정비법」제39조에 따른 주택재개발·재건축사업의 조합원 자격제한
기타 투기과열지구 지정에 따라 관련 법령 및 규정에서 정하는 사항
지정 기간 : 지정일자~해제일까지임

현재 남아 있는 조정대상지역 지정현황 역시, 모두 해제되고 위 표의 4개 구(2017. 9. 6. 지정)만 남아 있다.

# 06

# 입지조건과 도로와의 관계

입지조건의 경우의 인터넷 지도에 기초한 자료를 바탕으로 적는 것이 일반적이다. 교육시설의 경우 초등학교의 배정을 고려하여 가까운 학교 및 배정 가능한 학교에 대해서 모두 표기를 하는 것이 바람직하다.

| ⑤ 입지조건 | 도로와의 관계 | ( m× m) 도로에 접함<br>[ ]포장 [ ]비포장 | 접근성 | [ ]용이함 [ ]불편함 | |
|---|---|---|---|---|---|
| | 대중교통 | 버스 | ( )정류장, 소요시간 : ([ ]도보 [ ]차량) 약 | | 분 |
| | | 지하철 | ( )역, 소요시간 : ([ ]도보 [ ]차량) 약 | | 분 |
| | 주차장 | [ ]없음 [ ]전용주차시설 [ ]공동주차시설<br>[ ]그 밖의 주차시설 ( ) | | | |
| | 교육시설 | 초등학교 | ( )학교,소요시간 : ([ ]도보 [ ]차량) 약 | | 분 |
| | | 중학교 | ( )학교,소요시간 : ([ ]도보 [ ]차량) 약 | | 분 |
| | | 고등학교 | ( )학교,소요시간 : ([ ]도보 [ ]차량) 약 | | 분 |

## 공인중개사도 모르고 국토교통부도 모르는 도로와의 관계

도로와의 관계에서 [ m × m] 도로에 접함이라는 용어에 대해서 정확하게 알지 못하고 간과하는 경우가 많다. 이번에 꼭 제대로 알고 가자. 국토교통부도 제대로 알았으면 좋겠다. 국토교통부의 확인설명서 작성안내에는 도로와의 관계에 관한 내용이 빠져 있다. 건축법, 주택법에서 대지와 도로와의 관계를 보면 답이 있다. 너비가 ○○m 도로에 대지가 접하고 이는 길이가 ○○m인지를 살펴야 한다.

"대지는 4m 도로에 2m 이상 접해야 한다. 연면적이 2,000㎡ 이상인 건축물(창고는 3,000㎡ 이상)의 대지는 6m 이상 도로에 4m 이상 접해야 한다."

그래서 중개대상물 확인설명서에는 대지가 너비 몇 미터의 도로와 접하는 부분이 몇 미터인지 표기하면 된다. 도로의 폭은 실측을 해보면 쉽게 알 수 있을 것이다. 도로는 인도를 포함한다. 코너 자리, 즉 2면이 도로와 접하고 있다면 2개의 도로 모두 [도로의 너비 m×접하는 길이 m]를 표시해주어야 한다. 3면이 도로와 접하고 있는 대지라면, 3개의 도로 모두 [도로의 너비 m×접하는 길이 m]를 표시해주어야 한다.

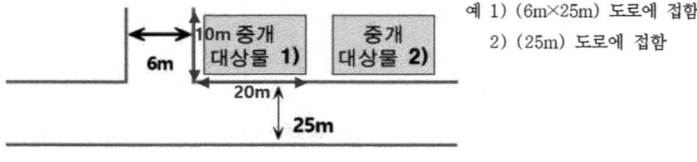

<잘못된 예시>

　정말 고맙게도 한 지자체에서 부동산거래 실무편람을 발행하였다. 지자체장님과 주무관님께 무한히 깊은 감사를 드린다. 정말 좋은 자료를 만들어주셨다. 그런데 "옥에 티"를 발견해서 이 부분을 지적하는 것을 송구하게 생각한다. 그 이전부터 이렇게 해석한 문서들이 다수였기 때문에 그대로 차용하였을 것이다.

　두 개의 도로에 접하고 있다고 해서, 접하는 도로의 폭을 각각 적는 것이 아니고, 하나의 도로와 몇 미터를 접하고 있는지 표기하여야 한다. 두 개 이상의 도로라면 각각 표기해주면 된다. 이 경우 6m×10m 접합 또는 6m 도로에 10m 접합, 25m×20m 접합 또는 25m 도로에 20m 접함으로 각각 표기해주는 것이 바람직하다.

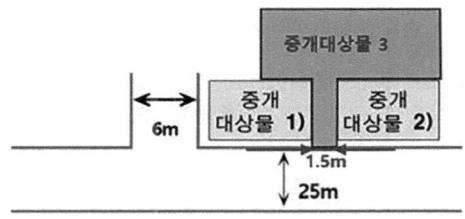

　가령 중개대상물 3의 단독주택을 25m 도로에 접함이라고 표기했을 경우, 이 집을 사는 사람은 집을 허물고 다시 지을 수 없게 되면 소송으로 번질 수도 있다. 도로와 접하는 면이 작아 건축허가를 받을 수 없다. 중개대상물 3의 경우 확인설명서에 반드시 "25m×1.5m 접함"이라고 표기를 해주어야 한다. 건축법에서는 보행과 자동차 통행이 가능한 너비 4m 이상의 도로를 "도로"라고 말한다.

### 건축법 제2조(정의)

**11. "도로"란 보행과 자동차 통행이 가능한 너비 4미터 이상의 도로**(지형적으로 자동차 통행이 불가능한 경우와 막다른 도로의 경우에는 대통령령으로 정하는 구조와 너비의 도로)로서 다음 각 목의 어느 하나에 해당하는 도로나 그 예정 도로를 말한다.

### 건축법 제44조(대지와 도로의 관계)

① 건축물의 대지는 **2미터 이상이 도로**(자동차만의 통행에 사용되는 도로는 제외한다)**에 접하여야** 한다. 다만, 다음 각 호의 어느 하나에 해당하면 그러하지 아니하다.
1. 해당 건축물의 출입에 지장이 없다고 인정되는 경우
2. 건축물의 주변에 대통령령으로 정하는 공지가 있는 경우
3. 「농지법」 제2조 제1호 나목에 따른 농막을 건축하는 경우

② 건축물의 대지가 접하는 도로의 너비, 대지가 도로에 접하는 부분의 길이, 그 밖에 대지와 도로의 관계에 관하여 필요한 사항은 대통령령으로 정하는 바에 따른다.

### 건축법 시행령 제28조(대지와 도로의 관계)

① 법 제44조 제1항 제2호에서 "대통령령으로 정하는 공지"란 광장, 공원, 유원지, 그 밖에 관계 법령에 따라 건축이 금지되고 공중의 통행에 지장이 없는 공지로서 허가권자가 인정한 것을 말한다.
② 법 제44조 제2항에 따라 **연면적의 합계가 2천 제곱미터(공장인 경우에는 3천 제곱미터) 이상인 건축물**(축사, 작물 재배사, 그 밖에 이와 비슷한 건축물로서 건축조례로 정하는 규모의 건축물은 제외한다)의 대지는 **너비 6미터 이상의 도로에 4미터 이상 접하여야 한다.**

### 주택건설 기준 등에 관한 규정 제25조(진입도로)

① 공동주택을 건설하는 주택단지는 기간도로(국도, 지방도, 이에 준하는 도로 등 통상 8m 이상의 도로를 의미)와 접하거나 기간도로로부터 당해 단지에 이르는 진입도로가 있어야 한다. 이 경우 기간도로와 접하는 폭 및 진입도로의 폭은 다음 표와 같다.

(단위 : 미터)

| 주택단지의 총세대수 | 기간도로와 접하는 폭 또는 진입도로의 폭 |
|---|---|
| 300세대 미만 | 6 이상 |
| 300세대 이상 500세대 미만 | 8 이상 |
| 500세대 이상 1천세대 미만 | 12 이상 |
| 1천세대 이상 2천세대 미만 | 15 이상 |
| 2천세대 이상 | 20 이상 |

# 07

# 관리비에 관한 사항

| ⑥ 관리에 관한 사항 | 경비실 | [ ]있음 [ ]없음 | 관리주체 | [ ]위탁관리 [ ]자체관리 [ ]그 밖의 유형 |
|---|---|---|---|---|
| | 관리비 | 관리비 금액 : 금원정(₩　　　　) | | |
| | | 관리비 포함 비목 : [ ]전기료 [ ]수도료 [ ]가스 사용료 [ ]난방비 [ ]인터넷 사용료 [ ]TV 사용료 [ ]기타 (　　　) | | |
| | | 관리비 부과방식 : [ ]임대인이 직접 부과 [ ]관리규약에 따라 부과 [ ] 기타 부과 (부과방식 :　　　) | | |

⑥ 관리에 관한 사항에서 위탁관리, 자체관리, 그 밖의 유형에 대해 체크를 한다.

> **공동주택관리법 제5조(공동주택의 관리방법)**
> ① 입주자 등은 의무관리 대상 공동주택을 제6조 제1항에 따라 **자치관리**하거나 제7조 제1항에 따라 **주택관리업자에게 위탁하여** 관리하여야 한다.

공동주택의 경우, 아파트의 입주자대표회의에서 직접 관리인(경비원, 미화원 등)을 고용하는 경우 "자치관리"라고 하며, 이는 자체관리의 일종으로 보는 것이 맞다. "위탁관리"는 관리행위를 관리업자에게 위탁한 것을 말한다. 단독주택의 경우 관리업자에게 위탁할 수도 있지만, 규모가 크지 않아 자체관리를 하는 경우가 대부분이다. 청소업자를 고용해서 공용 부분의 관리를 맡긴다고 하더라도, 이것은 건물주가 청소용역을 맡긴 것이기 때문에 자체관리에 해당한다. 그 밖의 유형으로 일부 위탁 및 일부 자체관리, 임차인 직접관리 등이 될 수도 있을 것이다.

관리비는 총금액을 적되, 관리비에 포함되는 비목들에 대해서는 [V]로 표시하여야 하며, 기타 비목에 대해서는 [V] 표시 후 비목내역을 적는다. 또한, 관리비 부과방식에 맞게 [V]로 표시하여야 하며, 기타 부과방식을 선택한 경우 그 부과방식에 대해서 작성하여야 한다.

정액 관리비는 정액을 적으면 되고, 정액 관리비가 아닌 관리규약에 의하여 부과되는 경우, 평균 관리비를 임대인 또는 실제 거주인에게 문의하여 기재하면 된다. 그리고 관리비에 포함된 비목을 함께 표시하여 주면 된다. 표시해야 할 비목의 항목은 공동주택관리법과 공인중개사의 중개대상물 표시광고 명시사항의 세부 기준이 다소 차이가 있다. 광고 시에는 광고 기준을 따라 광고하고, 확인설명서 작성 시에는 공동주택관리법에 따라 작성하는 것이 바람직하다고 본다.

| 공동주택관리법 | 중개대상물 표시광고 명시사항 세부 기준 |
|---|---|
| 일반관리비<br>청소비<br>경비비<br>소독비<br>승강기 유지비<br>지능형 홈네트워크 설비 유지비<br>난방비<br>수선 유지비<br>위탁관리 수수료 | 일반관리비(공용관리비)<br>※ 청소비, 경비비, 승강기 유지비 등<br><br>전기료<br>수도료<br>가스 사용료<br>난방비<br>인터넷 사용료<br>TV 사용료, 기타 관리비 |

# 08

# 비선호시설과 거래예정금액 등

| ⑦ 비선호시설(1km 이내) | [ ]없음 [ ]있음 (종류 및 위치 :            ) |

⑦ 비선호시설(1km 이내)의 "종류 및 위치"는 대상물건으로부터 1km 이내에 사회 통념상 기피시설인 화장장・납골당・공동묘지・쓰레기 처리장・쓰레기소각장・분뇨처리장・하수종말처리장 등의 시설이 있는 경우, 그 시설의 종류 및 위치를 적는다.

| ⑧ 거래예정금액 등 | 거래예정금액 | | | |
|---|---|---|---|---|
| | 개별공시지가(㎡당) | | 건물(주택)공시가격 | |

⑧ "거래예정금액"은 중개가 완성되기 전 거래예정금액을 기입한다고 국토부 시행규칙의 별지에서 설명하고 있다. 실무적으로는 중

개가 완성되는 상태에서 확인설명서를 작성하고, 중개계약서가 체결되므로, 특별한 사정이 없으면, 실제 거래금액과 동일하게 금액을 적용한다. "개별공시지가(㎡당)"는 토지이용계획확인원을 열람하여 ㎡당 단가를 그대로 적어주면 된다.

"건물(주택)공시가격"의 경우, 주택은 개별주택가격과 또는 공동주택가격을 기입한다. 주택일 경우 공동주택공시가격, 개별주택공시가격을 지자체 또는 한국부동산원 홈페이지에서 확인하여 기입한다. 주택 이외의 건물의 경우, 홈택스(국세청장) 또는 이택스(서울), 위택스(서울 이외의 지역)에서 (지자체장) 조회 가능하다. 사용해본 결과 홈택스보다 이택스 또는 위택스를 이용하는 것이 편리했다. 임대차의 경우에는 "개별공시지가(㎡당)" 및 "건물(주택) 공시가격"을 생략할 수 있다.

| 부동산의 구분 | | 공시가격의 종류 | 관련 근거 |
|---|---|---|---|
| 토지 | | 표준지공시지가<br>개별공시지가 | 토지 및 주택에 대한 시가표준액은「부동산 가격공시에 관한 법률」에 따라 공시된 가액(價額)으로 한다. |
| 건물 | 주택 | 단독주택공시가격<br>- 표준주택공시가격<br>- 개별주택공시가격<br><br>공동주택공시가격 | |
| | 주택 외 | 건물 기준시가 | (소득세법) **국세청장** 결정 고시 |
| | | 건축물 시가표준액 | (지방세법) **지방자치단체장** 결정 고시 |

이 책의 부록에 부동산 가격공시와 관련된 관계 법령과 용어를 정리해두었으니 한 번쯤 읽어보고 절차를 구분 지어 보면 도움이 될 것이다.

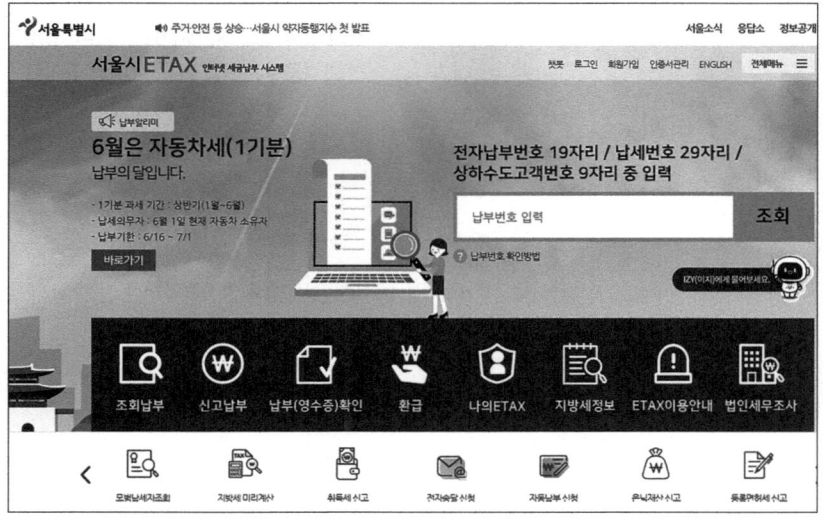

# 09

# 취득 시 부담할 조세의 종류 및 세율

| ⑨ 취득 시 부담할 조세의 종류 및 세율 | 취득세 | % | 농어촌특별세 | % | 지방교육세 | % |
|---|---|---|---|---|---|---|
| | ※ 재산세와 종합부동산세는 6월 1일 기준 대상물건 소유자가 납세의무를 부담 ||||||

⑨ 취득 시 부담할 조세의 종류 및 세율은 중개가 완성되기 전 「지방세법」의 내용을 확인하여 적는다. 임대차의 경우 생략할 수 있다. 주의해야 할 사항은 취득세는 개인인지, 다주택자인지, 법인인지에 따라 달라질 수 있다. 조정대상지역이냐, 비조정대상지역이냐에 따라 달라질 수 있고, 주택의 경우 취득가액에 따라 세율이 달라지니 이 부분을 반드시 주의하여야 한다. **필요에 따라서는 매수인에게 보유하고 있는 주택에 관한 현황을 제공받아 작성하는 것이 바람직하다.**

아울러 주택 수의 판단에 있어서 조합원입주권, 주택분양권, 주거용 오피스텔은 2020년 8월 12일 이후 취득분부터 주택 수에 산정된다. 반드시 계약 체결 전 매수인에게 자세한 정보를 제공받아 계산에 반영하여야 한다. 다만, 오피스텔 분양권은 취득 후 실제 사용하기 전까지 주거용인지 사업용인지 미확정으로 주택 취득세 중과 적용 시, 주택 수에 포함되지 않는다.

**[참조판례]**

서울중앙지방법원 2016. 7. 12. 선고 2015가단134106 판결 [손해배상(기)] : 공인중개사의 확인설명서에 있어서 잘못된 취득세 설명에 따른 위자료 지급에 대한 판결

공인중개사가 취득세를 잘못 설명하여 거래당사자에게 위자료를 지급한 사건. 공인중개사가 원고들에게 이 사건 부동산의 취득에 따른 조세의 세율을 잘못 설명함으로써 원고들은 실제 내게 될 고액의 세금을 감안하여 이 사건 부동산의 매수 여부를 결정할 기회 또는 고액의 세금을 내야 함을 이유로 매도인과 사이에 매매금액에 관하여 추가 협상을 할 기회 등을 상실하였고, **그로 인하여 원고들이 상당한 정신적 고통을 입었을 것임은 경험칙상 명백하므로, 공인중개사는 원고들에게 그에 대한 손해배상금을 지급할 의무가 있다.**

나아가 공인중개사가 지급하여야 하는 위자료의 액수에 관하여 보건대, 이 사건 매매계약의 체결 경위, 이 사건 매매계약에서 정한 매매대금의 액수, 원고들이 예상 외로 납부하게 된 세금의 액수 등 변론 전체에 나타난 여러 가지 사정을 참작하면, 위자료의 액수를 5,000,000원으로 정함이 상당하다.

# 10

# 실제 권리관계 또는 공시되지 않은 물건의 권리사항

| Ⅱ. 개업공인중개사 세부 확인사항 |
|---|
| ⑩ 실제 권리관계 또는 공시되지 않은 물건의 권리사항 |
| (임대차의 경우)<br>선순위 보증금 합계 30,000만 원, 차임 합계 750만 원<br>**후순위 전입이지만, 최우선변제될 수 있는 예상금액 3,600만 원**<br>※ 상세내용 별지 「호별 임대차조사서 및 보증금」 참조<br>ㄴ. 별도로 안 만들어도 된다. 확인설명서에 상세히 적으면 된다. 나의 경우, 계약 전 단계에서 고객의 이해를 돕기 위해 설명해주다 보니 습관이 된 것이다.<br><br>(매매의 경우)<br>정원수 소나무 2주, 외부 증축 애견사는 매도인의 소유로 매매가에 포함하여 함께 매매함 |

⑩ 실제 권리관계 또는 공시되지 않은 물건의 권리사항은 매도(임대) 의뢰인이 고지한 사항(법정지상권, 유치권, 「주택임대차보호법」에 따른 임대차, 토지에 부착된 조각물 및 정원수, 계약 전 소유권 변동 여부, 도로의 점용 허가 여부 및 권리·의무승계 대상 여부 등)을 적는다. 임대차 계약의 경우 현재 존속

중인 임대차의 임대보증금, 월 단위의 차임액, 계약 기간, 장기수선충당금의 처리 등을 확인하여 적는다. 그 밖에 경매 및 공매 등의 특이사항이 있는 경우 이를 확인하여 적는다.

아울러, 다가구주택의 경우, 선순위보증금에 더하여 후순위로 입주하지만, 최우선 변제되는 임대차 보증금의 상당액에 대해서도 함께 설명해주는 것이 좋다. 가계약편 "보증금의 보호"에서 다룬 내용을 그대로 첨부하고, 근거를 남겨도 좋다. 도로의 점용허가 여부 및 권리의무승계 대상 여부를 적을 때는 다음의 도로법을 참고하자.

---

**도로법 제106조(권리·의무의 승계 등)**

⑤ 도로점용허가를 받은 자가 점용의 목적이 되는 토지나 건물의 소유권을 타인에게 양도하는 경우에는 해당 도로점용허가에 따른 권리·의무도 함께 양도한 것으로 본다.

---

「건축법 시행령」 별표 1 제2호에 따른 공동주택(기숙사는 제외) 중 분양을 목적으로 건축되었으나 분양되지 않아 보존등기만 마쳐진 상태인 공동주택에 대해 임대차 계약을 알선하는 경우에는 이를 **임차인에게 반드시 설명해야 한다**(미분양 아파트).

# 11

# 시설물, 벽면, 바닥면, 도배, 환경조건

(5쪽 중 제3쪽)

| | | | | | |
|---|---|---|---|---|---|
| ⑪ 내부·외부 시설물의 상태 (건축물) | 수도 | 파손 여부 | [ ]없음 [ ]있음 (위치:         ) | | |
| | | 용수량 | [ ]정상 [ ]부족함 (위치:         ) | | |
| | 전기 | 공급상태 | [ ]정상 [ ]교체 필요 (교체할 부분:         ) | | |
| | 가스 (취사용) | 공급방식 | [ ]도시가스 [ ]그 밖의 방식 (         ) | | |
| | 소방 | 단독경보형 감지기 | [ ]없음<br>[ ]있음<br>(수량:    개) | ※「소방시설 설치 및 관리에 관한 법률」 제10조 및 같은 법 시행령 제10조에 따른 주택용 소방시설로서 아파트(주택으로 사용하는 층수가 5개 층 이상인 주택을 말한다)를 제외한 주택의 경우만 작성합니다. | |
| | 난방 방식 및 연료 공급 | 공급방식 | [ ]중앙공급<br>[ ]개별공급<br>[ ]지역난방 | 시설작동 | [ ]정상<br>[ ]수선 필요 (         )<br>※ 개별 공급인 경우 사용 연한 (    )<br>[ ]확인불가 |

111

| | 종류 | [ ]도시가스 [ ]기름 [ ]프로판가스 [ ]연탄<br>[ ]그 밖의 종류 (　　　　) |
|---|---|---|
| | 승강기 | [ ]있음 ([ ]양호 [ ]불량) [ ]없음 |
| | 배수 | [ ]정상 [ ]수선 필요 (　　　　) |
| | 그 밖의<br>시설물 | |

⑪ 내부·외부 시설물의 상태(건축물)를 표기한다. 수도, 전기, 가스, 난방, 승강기, 배수의 경우 기능 이상이 있는 부위가 있다면 기능 이상의 내용에 대해 명시한다. 소방의 경우, 5층 이상인 아파트는 주택용 소방시설(스프링클러 등)이 갖추어져 있다. 단독경보형 감지기의 경우, 흔히 말하는 화재감지기를 말하며, 반드시 현장에서 점검 버튼을 눌러 배터리가 남았는지, 정상 작동하는지 확인할 필요가 있다. 배터리의 수명은 5~10년 정도.

단독경보형 감지기는 단독주택, 연면적 1,000㎡ 미만의 아파트, 연면적 1,000㎡ 미만의 기숙사, 교육연구시설 또는 수련시설 내에 있는 합숙소 또는 기숙사로서 연면적 2,000㎡ 미만인 것, 연면적 600㎡ 미만의 숙박시설, 수용인원 100명 이하의 수련시설(숙박시설이 있는 것만 해당한다), 연면적 400㎡ 미만의 유치원 등에 설치되어 있다.

그 밖의 시설물의 경우, 위의 항목에 표기되지 않은 시설물의 상태를 점검하여 표기한다. 예를 들면, 가정 자동화기기(홈오토메이션), 옥상 물탱크, 계단실, 베란다 난간 등 여러 시설물에 대한 설명이 이루어질 수 있다.

| ⑫ 벽면 · 바닥면 및 도배 상태 | 벽면 | 균열 | [ ]없음 [ ]있음 (위치:         ) |
|---|---|---|---|
| | | 누수 | [ ]없음 [ ]있음 (위치:         ) |
| | 바닥면 | | [ ]깨끗함 [ ]보통임 [ ]수리 필요 (위치:         ) |
| | 도배 | | [ ]깨끗함 [ ]보통임 [ ]도배 필요 |

⑫ 바닥면 및 도배 상태의 경우, 뚜렷한 하자가 있거나 도배가 훼손되지 않으면 "보통"이라고 표기를 한다. 왜냐하면, 보는 사람에 따라 주관적으로 해석될 여지가 있기 때문이다. 벽면의 균열과 누수의 표기는 무척 애매하다. 콘크리트의 물성 자체가 균열이 있을 수밖에 없다는 것을 알고 설명에 참고해야 한다. 무심코 "균열, 누수 없음"이라고 표기했다가 공인중개사의 책임으로 돌아올 가능성이 크다. 누수의 경우 벽면의 균열을 따라서 색이 변한 부분이 있는지 꼼꼼히 살피고, 천장과 벽지의 물 얼룩이 있는지 살펴보아야 한다.

**공동주택 하자의 조사, 보수비용 산정 및 하자 판정기준**
(국토교통부 고시)

**제7조(콘크리트 균열)**
① 콘크리트에 발생한 균열은 균열 폭이 0.3mm 이상인 경우 시공하자로 본다.
② 제1항에도 불구하고 다음 각 호의 어느 하나에 해당하는 균열 폭 0.3mm 미만의 콘크리트의 균열은 시공하자로 본다.
1. 누수를 동반하는 균열
2. 철근이 배근된 위치에 철근 길이 방향으로 발생한 균열
3. 관통균열

**제9조(마감 부위 균열 등)**
① 미장 또는 도장 부위에 발생한 미세균열 또는 망상균열 등이 미관상 지장을 초래하는 경우에는 마감공사의 시공하자로 본다.
② 마감 부위에 변색 · 들뜸 · 박리 · 박락 · 부식 및 탈락 등이 발생하여 안전상, 기능상, 미관상 지장을 초래하는 경우에는 시공하자로 본다.

균열의 경우, 조금 상세히 다룰 필요가 있다. 콘크리트 이음부를 따라 발생한 균열과 콘크리트 면에 발생한 균열을 따로 기재해줄 필요가 있다. 필요한 경우, 사진을 첨부하는 것도 좋다. 미세한 균열은 모든 콘크리트에서 발생하는 현상이라는 설명을 곁들이되, 노후 건축물의 틈새가 벌어진 균열들은 조치가 필요하다는 의견을 남겨두는 것이 좋다. 특히 20년 이상 노후화된 아파트 균열의 경우 매매 목적물의 하자담보에 대한 책임까지 문제는 깊어질 수 있다. 이럴 때, 매매계약서의 특약사항에 주택 노후로 인한 균열 부분에 대한 하자에 대한 담보특약을 별도로 다루는 것이 좋다.

국토교통부의 공동주택 하자판정 기준은 시공의 하자에 대한 기준이지만, 참고해볼 필요가 있다. 균열이 누수를 동반하는지, 한 면을 관통하는 균열인지, 이음부에 발생한 균열인지 짚어보는 정도로 활용하면 좋을 것이다.

| ⑬ 환경조건 | 일조량 | [ ]풍부함 [ ]보통임 [ ]불충분 (이유:      ) | | |
|---|---|---|---|---|
| | 소음 | [ ]아주 작음 [ ]보통임<br>[ ]심한 편임 | 진동 | [ ]아주 작음 [ ]보통임<br>[ ]심한 편임 |

⑬ 일조량의 경우 남향으로 일조의 제한이 없는 경우는 풍부함, 그 외 대부분의 경우는 보통, 현저하게 좁은 동간 간격으로 빛이 안 들어올 때는 "불충분"이라고 명시한다. 그 밖의 소음과 진동의 환경조건은 매도(임대) 의뢰인에게 반드시 물어보고, "보통"이라고 표기하는 것이 현명하다.

# 12

# 현장안내자와 중개보수

| ⑭ 현장안내 | 현장안내자 | [ ]개업공인중개사  [ ]소속공인중개사<br>[ ]중개보조원 (신분고지 여부 : [ ]여 [ ]부)<br>[ ]해당없음 |
|---|---|---|

※ "중개보조원"이라 함은 공인중개사가 아닌 자로서 개업공인중개사에 소속되어 중개대상물에 대한 현장안내 및 일반서무 등 개업공인중개사의 중개업무와 관련된 단순한 업무를 보조하는 자를 말합니다.
※ 중개보조원은 법 제18조의4에 따라 현장안내 등 중개업무를 보조하는 경우 중개의뢰인에게 본인이 중개보조원이라는 사실을 미리 고지하여야 합니다.

⑭ 현장안내자의 경우, 24년 하반기 새로이 포함된 항목이다. 개업공인중개사의 설명의무, 확인의무를 강조한다. 중개보조원이 최초 업무를 담당하였더라도, 계약 전에 개업공인중개사가 고객과 동행하여 최종 점검을 다시 할 필요도 있다고 느껴지는 부분이다. 중개보조원이 업무를 수행하였다면 반드시 신분 고지 여부에 "여"를 체크할 수 있도록 사전에 교육이 되어야 하겠다.

| III. 중개보수 등에 관한 사항 |||| 
|---|---|---|---|
| ⑮ 중개보수 및 실비의 금액과 산출내역 | 중개보수 | | &lt;산출내역&gt;<br>중개보수 :<br>실비 :<br>※ 중개보수는 시 · 도 조례로 정한 요율한도에서 중개의뢰인과 개업공인중개사가 서로 협의하여 결정하며 부가가치세는 별도로 부과될 수 있습니다. |
| | 실비 | | |
| | 계 | | |
| | 지급 시기 | | |

⑮ 중개보수 및 실비는 개업공인중개사와 중개의뢰인이 협의하여 결정한 금액을 적되 "중개보수"는 거래예정금액을 기준으로 계산한다. 부가세에 대한 부분에 대하여 일반과세자인 중개업자는 10%의 부가세를 별도로 받아야 하고, 간이과세자인 중개업자는 부가가치세(10%)에 대한 부가가치율 40%에 상응하는 보수를 추가로 받을 수 있다. 즉 "법정 중개보수+4%(간이과세자가 내야 할 부가가치세액에 대한 상응액)"를 받을 수 있다. 자세한 내용은 부록에 법령해석 사례를 추가하였다.

중개보수 실비는 실효성이 조금 떨어진다. 교통비, 숙박비 등의 여비를 받는 경우는 아직 본 적 없다. 나 역시, 매도인과 협의하기 위해, 화성에서 대구, 광주, 서울까지 수도 없이 출장을 다녔지만 한 번도 받아본 적 없다.

## 서울특별시 주택 중개보수 등에 관한 조례 제3조(실비)

① 법 제32조 제4항에 따른 중개대상물의 권리관계 등의 확인에 소요되는 실비와 계약금 등의 반환채무이행 보장에 소요되는 실비의 한도는 각각 별표 2와 같다.
② 실비의 지급 시기는 다음 각 호의 구분에 따른다.
1. 중개대상물의 권리관계 등의 확인에 소요되는 실비 : 중개대상물에 대한 확인·설명을 마친 때
2. 계약금 등의 반환채무이행 보장에 소요되는 실비 : 계약금 등을 지급하거나 반환하는 때

### 서울특별시 주택 중개보수 등에 관한 조례 별표 2

| 구분 | 산출내역 |
|---|---|
| 1. 중개대상물의 권리관계 등의 확인에 소요되는 실비 | 가. 제 증명서, 공부의 발급, 열람 수수료<br>나. 교통비, 숙박비 등의 여비<br>다. 제 증명서, 공부의 발급, 열람 대행비 : 발급, 열람 건당 1천 원 |
| 2. 계약금 등의 반환채무이행 보장에 소요되는 실비 | 가. 계약금 등의 금융기관 등에의 예치수수료<br>나. 계약금 등의 반환의 보증을 위한 보험, 공제가입비<br>다. 제 증명서, 공부의 발급, 열람 수수료<br>라. 교통비, 숙박비 등의 여비 |

# 13

# 확인설명서의 완성

(5쪽 중 제4쪽)

「공인중개사법」제25조 제3항 및 제30조 제5항에 따라 거래당사자는 개업공인중개사로부터 위 중개대상물에 관한 확인·설명 및 손해배상책임의 보장에 관한 설명을 듣고, 같은 법 시행령 제21조 제3항에 따른 본 확인설명서와 같은 법 시행령 제24조 제2항에 따른 손해배상책임 보장 증명서류(사본 또는 전자문서)를 수령합니다.

년    월    일

| 매도인<br>(임대인) | 주소 | | 성명 | (서명 또는 날인) |
|---|---|---|---|---|
| | 생년월일 | | 전화번호 | |
| 매수인<br>(임차인) | 주소 | | 성명 | (서명 또는 날인) |
| | 생년월일 | | 전화번호 | |
| 개업<br>공인중개사 | 등록번호 | | 성명(대표자) | (서명 및 날인) |
| | 사무소 명칭 | | 소속공인중개사 | (서명 및 날인) |
| | 사무소 소재지 | | 전화번호 | |

 이렇게 확인설명서를 작성하여 설명 후, 거래당사자가 서명 또는 날인하고, 공인중개사가 서명 및 날인을 완료하면 확인설명서 작성이 완료된다. 확인설명서의 경우, 주거용 확인설명서 작성이 가장 세

부적이며 내용이 많다. 주거용 확인설명서를 완벽하게 작성할 수 있다면, 비주거용 확인설명서와 토지의 확인설명서는 손쉽게 작성할 수 있을 것이다. 이제 계약서 쓰러 가자. 완벽하게.

| 제3장 |

# 계약서

# 01

# 부동산의 표시

계약서의 최상단 1번은 부동산의 표시이고, 2번은 계약내용이다. 계약에 앞서, 1번의 부동산의 표시에 대한 명확한 설명 후, 2번의 계약내용으로 계약설명을 진행하자. 특히, 꼭 알아야 할 계약내용에 대해 알고 가자.

### 1. 부동산의 표시

부동산의 표시를 작성하는 기준은 건축물대장(토지대장)과 등기사항증명서가 일치하는지 확인하고 **"지번 주소"를 기입**한다. "토지"가 가지고 있는 지번이 소재지의 정확한 표현이다. 필요에 따라 "도로명 주소"를 부기하면 편리하다. 건물 없는 토지는 있을 수 있지만, 토지 없는 건물은 있을 수 없다.

> **민법, 제1편 총칙, 제4장 물건**
>
> **제98조(물건의 정의)**
> 본법에서 물건이라 함은 유체물 및 전기 기타 관리할 수 있는 자연력을 말한다.
>
> **제99조(부동산, 동산)**
> ① 토지 및 그 정착물은 부동산이다.
> ② 부동산 이외의 물건은 동산이다.

"지번 주소"를 사용해야 하는 이유는 공간정보의 구축 및 관리 등에 관한 법률(약칭 : 공간정보관리법)에서 찾을 수 있다. 공간정보관리법은 측량, 지적공부, 부동산공부의 작성 및 관리를 통한 국토의 효율적 관리 및 국민의 소유권 보호에 기여함을 목적으로 한다.

필요에 따라 "도로명 주소"를 함께 쓰면 편리하다. **도로명주소법은 국민의 생활 안전과 편의 도모가 목적이다.** 2014년 1월부터 도로명주소법이 전면 시행되었다. 토지대장, 등기사항증명서를 제외한 모든 문서는 도로명 주소를 기본으로 사용하고 필요에 따라 지번 주소를 함께 쓴다. 등기사항증명서의 경우 소재지는 지번 주소를 사용하고, 관계인의 주소는 도로명 주소를 사용한다.

지번으로 소재지를 표시하였다면, 토지의 면적과 지목, 건물의 면적과 용도, 구조 등에 대해 명시한다. "소재지"에 있는 토지와 건물에 대한 정보를 기재하는 것으로 계약의 목적물인 부동산을 특정하는 것이다. 토지나 건물의 일부만 임대하는 경우도 있다. 그래서 임대할 부분에는 "○○○호 전체"라고 명시한다. 임대차계약의 "임대할 부분"을 따로 명시하는 것도 "소재지"와는 다른 개념이기 때문이다. 지목, 토지의 면적, 건물의 면적, 건물의 용도와 구조는 토지대장과 건축물대장을 확인하여 적는다. 여러 필지가 있을 경우, "100번지 외 2필지"로 기재하는 것은 바람직하지 않다. "100번지(대), 100-1번지(전), 100-2번지(전)" 충분히 인식할 수 있을 수 있도록 기재하면 된다.

소재지 이외의 거래당사자와 공인중개사사무소의 주소는 도로명주소를 기재한다. 두 가지 주소체계, 두 법의 취지와 목적에 맞게 사용하는 것이다.

| 공간정보의 구축 및 관리 등에 관한 법률 (약칭 : 공간정보관리법) |
|---|
| **제1조(목적)**<br>이 법은 측량의 기준 및 절차와 지적공부(地籍公簿)·부동산종합공부(不動産綜合公簿)의 작성 및 관리 등에 관한 사항을 규정함으로써 국토의 효율적 관리 및 국민의 소유권 보호에 기여함을 목적으로 한다. |
| **도로명주소법** |
| **제1조(목적)**<br>이 법은 도로명 주소, 국가기초구역, 국가지점번호 및 사물 주소의 표기·사용·관리·활용 등에 관한 사항을 규정함으로써 국민의 생활 안전과 편의를 도모하고 관련 산업의 지원을 통하여 국가경쟁력 강화에 이바지함을 목적으로 한다. |

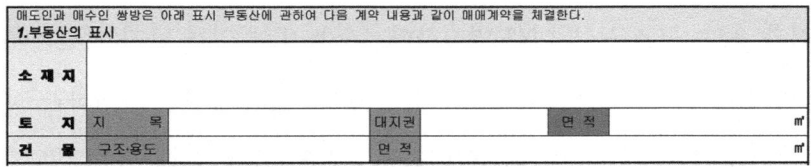

&lt;매매계약서 예시&gt;

## 부동산(아파트) 월세 계약서

임차인과 임대인 쌍방은 아래 표시 부동산에 관하여 다음 내용과 같이 임대차계약을 체결한다.

1. 부동산의 표시                                                    물건/관계지번 추가

| 소재지 | 서울특별시 강남구 테헤란로 000 | | | | | | 동 3011 | 호 |
|---|---|---|---|---|---|---|---|---|
| 토 지 | 지목 | 대 | (대지목적인 토지표시의) 면적 1989.4 ㎡ | 대지권종류 | 대지권소유㉠ | 대지권비율 1989.4 분의 23 | | |
| 건 물 | 구조 | 철근콘크리트구조 | | 용도 | 공동주택 | "대장"상의 용도 기입 | 면적 ? 30 | ㎡ |
| 임대할부분 | 000호 | | | | | | 면적 ? 30 | ㎡ |

<임대차 계약서 한방 예시>

[임차주택의 표시]

| 소 재 지 | (도로명주소) | | | |
|---|---|---|---|---|
| 토 지 | 지목 | | 면적 | ㎡ |
| 건 물 | 구조·용도 | | 면적 | ㎡ |
| 임차할부분 | 상세주소가 있는 경우 동층호 정확히 기재 | | 면적 | ㎡ |
| 계약의종류 | ☐ 신규 계약          ☐ 합의에 의한 재계약<br>☐ 「주택임대차보호법」 제6조의3의 계약갱신요구권 행사에 의한 갱신계약<br>* 갱신 전 임대차계약 기간 및 금액<br>계약 기간: . . . ~ . . .  보증금: 원, 차임: 월 원 | | | |
| 미납 국세·지방세 | 선순위 확정일자 현황 | | 확정일자 부여란 | |
| ☐ 없음<br>(임대인 서명 또는 날인  ㊞) | ☐ 해당 없음<br>(임대인 서명 또는 날인  ㊞) | | ※ 주택임대차계약서를 제출하고 임대차 신고의 접수를 완료한 경우에는 별도로 확정일자 부여를 신청할 필요가 없습니다. | |
| ☐ 있음(중개대상물 확인·설명서 제2쪽 Ⅱ. 개업공인중개사 세부 확인사항 '⑨ 실제 권리관계 또는 공시되지 않은 물건의 권리사항'에 기재) | ☐ 해당 있음(중개대상물 확인·설명서 제2쪽 Ⅱ. 개업공인중개사 세부 확인사항 '⑨ 실제 권리관계 또는 공시되지 않은 물건의 권리사항'에 기재) | | | |

<주택임대차 표준계약서 예시>

    주택임대차 표준계약서에는 계약의 종류에 대한 명시, 계약갱신요구권 행사의 여부, 임대인의 세금체납 여부, 선순위 확정일자 현황 등의 추가 기재사항을 작성하게 되어 있다.

[임차 상가건물의 표시]

| 소 재 지 | | | | |
|---|---|---|---|---|
| 토 지 | 지목 | | 면적 | ㎡ |
| 건 물 | 구조·용도 | | 면적 | ㎡ |
| 임차할부분 | | | 면적 | ㎡ |
| 유의사항: 임차할 부분을 특정하기 위해서 도면을 첨부하는 것이 좋습니다. | | | | |

<상가임대차 표준계약서 예시>

# 02

# 목적 및 거래대금

**2. 계약내용**

임대차 계약의 내용은 ① **목적 및 거래대금** ② **존속 기간** ③ **용도변경 및 전대 등** ④ **계약의 해지** ⑤ **계약의 종료** ⑥ **계약의 해제** ⑦ **채무불이행과 손해배상**

매매계약의 내용은 ① **목적 및 거래대금** ⑧ **소유권 이전 등** ⑨ **제한물권 등의 소멸** ⑩ **지방세 등** ⑥ **계약의 해제** ⑦ **채무불이행과 손해배상**으로 이루어진다.

여기에 공통으로 ⑬ 중개보수에 관련된 내용 ⑭ 중개보수 외의 보수 ⑮ 중개대상물 확인설명서 등의 교부에 관한 내용이 포함된다. 중개계약이 아닌 거래의 경우 ⑯ 부동산거래신고의 의무가 포함되기도 한다. 하나하나 살펴보자.

## ① 목적 및 거래대금

(임대차의 경우)

**제1조(목적)** 부동산의 임대차에 한하여, 임대인과 임차인은 합의에 의하여 임차보증금 및 차임을 다음과 같이 지급하기로 한다.

(매매의 경우)

**제1조(목적)** 부동산의 매매에 대하여 매도인과 매수인은 합의에 의하여 매매대금을 아래와 같이 지불하기로 한다.

| 2. 계약내용 | | | | | | | |
|---|---|---|---|---|---|---|---|
| 제 1 조 (목적) 위 부동산의 매매에 대하여 매도인과 매수인은 합의에 의하여 매매대금을 아래와 같이 지불하기로 한다. | | | | | | | |
| 매매대금 | 금 | | | | 원정(₩ | | ) |
| 계 약 금 | 금 | | 원정은 계약시에 지불하고 영수함. | | 영수자( | | ㊞ ) |
| 융 자 금 | 금 | 원정( | 은행)을 승계키로 한다. | 임대보증금 | 총 | 원정 을 승계키로 한다. | |
| 중 도 금 | 금 | | | 원정은 | 년 | 월 | 일에 지불하며 |
| | 금 | | | 원정은 | 년 | 월 | 일에 지불한다. |
| 잔 금 | 금 | | | 원정은 | 년 | 월 | 일에 지불한다. |

<매매계약서 예시>

목적 및 거래대금의 경우, 계약서가 매매를 위한 것인지, 임대차를 위한 것인지를 규정하고, 계약금은 언제 얼마를, 중도금과 잔금은 언제 얼마를, 대출과 임차보증금의 부담은 어떻게 할 것인지에 대하여 규정한다.

| 2. 계약내용 | | | 잔금 ○ 자동계산 ● 직접입력 | | | 금액표시 한글 ∨ 금액단위 만원 ∨ |
|---|---|---|---|---|---|---|

제1조 [목적] 위 부동산의 임대차에 한하여 임대인과 임차인은 합의에 의하여 임차보증금 및 차임을 아래와 같이 지급하기로 한다.

| 보증금 | 一金 | | 이천만 | 원정 (₩ | 20,000,000 ) | □ 공란출력 |
|---|---|---|---|---|---|---|
| 계약금 | 一金 | | 이백만 | 원정은 계약시에 지급하고 영수함. 영수자(자필서명) (인) | | □ 공란출력 |
| 중도금 | 一金 | | 삼백만 | 원정은 | 2025-02-01 일에 지급한다. | □ 공란출력 |
| | 一金 | | | 원정은 | - - 일에 지급한다. | □ 공란출력 |
| 잔 금 | 一金 | | 일천오백만 | 원정은 | 2025-03-01 일에 지급한다. | |
| 차 임 | 一金 | | 팔십칠만 | 원정은 매월 말 ∨ 일 후불 ∨ 로 지급한다. | | □ 부가세(별도) |

<임대차 계약서 한방 예시>

[계약내용]
제1조 (보증금과 차임 및 관리비) 위 부동산의 임대차에 관하여 임대인과 임차인은 합의에 의하여 보증금과 차임 및 관리비를 아래와 같이 지불하기로 한다.

| 보증금 | 금 | | 원정(₩ | ) | | | |
|---|---|---|---|---|---|---|---|
| 계약금 | 금 | | 원정(₩ | )은 계약시에 지불하고 영수함. 영수자 ( 인) | | | |
| 중도금 | 금 | | 원정(₩ | )은 ____년 ____월 ____일에 지불하며 | | | |
| 잔 금 | 금 | | 원정(₩ | )은 ____년 ____월 ____일에 지불한다 | | | |
| 차임(월세) | 금 | | 원정은 매월 ____일에 지불한다(입금계좌: ) | | | | |
| 관리비 | (정액인 경우) 총액 금 원정(₩ ) | | | | | | |
| | 월 10만원 이상인 경우 세부금액 기재 | | | | | | |
| | 1. 일반관리비 | 금 | 원정(₩ ) | 2. 전기료 | 금 | 원정(₩ ) | |
| | 3. 수도료 | 금 | 원정(₩ ) | 4. 가스 사용료 | 금 | 원정(₩ ) | |
| | 5. 난방비 | 금 | 원정(₩ ) | 6. 인터넷 사용료 | 금 | 원정(₩ ) | |
| | 7. TV 사용료 | 금 | 원정(₩ ) | 8. 기타관리비 | 금 | 원정(₩ ) | |
| | (정액이 아닌 경우) | | | | | | |
| | 관리비의 항목 및 산정방식을 기재(예: 세대별 사용량 비례, 세대수 비례) | | | | | | |

<주택임대차 표준계약서 예시>

주택임대차 표준계약서의 경우, 보증금 및 차임, 관리비에 대한 내용도 계약내용에 포함을 시켜놓았다. 만약 주택의 임대차에서 표준계약서를 사용하지 않는 경우, 관리비는 특약사항에 명시를 해야 한다.

# 03
# 존속 기간, 초일산입

② 존속 기간

제2조(존속 기간) 임대인은 위 부동산을 임대차 목적대로 사용할 수 있는 상태로 2025년 ○○월 ○○일까지 임차인에게 인도하며, 임대차 기간은 인도일로부터 2027년 ○○월 ○○일(24개월)까지로 한다.

존속 기간을 다룰 때 공인중개사가 꼭 알아두어야 할 내용은, "초일산입"과 "초일불산입"의 개념이다. 민법에서는 "초일불산입"을 먼저 이야기하고 있다. 하지만 **부동산 임대차 실무는 "초일산입"을 사용한다.**

| 민법, 제1편 총칙, 제6장 기간 |
|---|
| **제155조(본 장의 적용범위)**<br>기간의 계산은 법령, 재판상의 처분 또는 **법률행위에 다른 정한 바가 없으면** 본 장의 규정에 의한다. |

> **제157조(기간의 기산점)**
> 기간을 일, 주, 월 또는 연으로 정한 때에는 **기간의 초일은 산입하지 아니한다.** 그러나 그 기간이 오전 0시로부터 시작하는 때에는 그러하지 아니하다.
>
> **제159조(기간의 만료점)**
> 기간을 일, 주, 월 또는 연으로 정한 때에는 **기간 말일의 종료로 기간이 만료한다.**
>
> **제160조(역에 의한 계산)** ※ 달력을 의미함
> ① 기간을 주, 월 또는 연으로 정한 때에는 역에 의하여 계산한다.
> ② 주, 월 또는 연의 처음으로부터 기간을 기산하지 아니하는 때에는 최후의 주, 월 또는 연에서 **그 기산일에 해당한 날의 전일로 기간이 만료한다.**
> ③ 월 또는 연으로 정한 경우에 최종의 월에 해당일이 없는 때에는 그 월의 말일로 기간이 만료한다.

**실무에서 "초일산입"을 사용하는 이유를 보자.** 임대차 계약에 있어서 임차인이 오후에 입주한다고 하더라도 그날부터 사용한 것으로 본다. 실제로 임차인이 오전에 입주할지, 오후에 입주할지 정하지 않았기 때문에 **당일 0시부터의 권리를 임차인이 갖는 것으로 계약서를 해석한 결과이다.**

임대차 계약의 성립은 쌍방의 의사 합치, 즉 계약서 작성교부 즉시 효력이 발생한다. 중도금, 잔금, 입주, 퇴거 등은 일련의 계약의 이행과정이고 결과이다. **계약 기간의 명시에 따른 효력 발생 시점은 0시를 기해 효력이 발생한다고 보는 것이 타당하다.** 계약에서 정한 장래의 도래하는 날이기 때문이다.

계약 후, 잔금일에 임대차를 개시하는 경우가 대부분이다. 잔금과 인도는 동시이행 관계이다. 그 결과로 "초일불산입"이라고 생각하기

쉽다. 잔금과 인도는 동시이행 관계는 맞지만, 잔금일이 임대차의 기간을 정한 때는 아니라는 것이다.

민법의 "초일불산입"을 적용해보자. 임대차 기간을 정함에 있어서 24년 7월 1일부터 26년 7월 1일까지 계약서를 적었다고 한다면, 임대차의 개시 시점은 24년 7월 1일 ○○시, 만료 시점은 26년 7월 1일 23시 59분, 24개월 1일이 되는 것이다. 그래서 초일산입을 사용하는 것이다. 전입일 하루를 온전히 사용할 권리를 갖는다. 퇴거일 하루를 온전히 사용할 권리를 갖는다.

위의 임차인이 재계약을 희망하여 26년 7월 2일부터 2년간 다시 연장 계약을 체결하였다. 26년 7월 2일부터 28년 7월 2일까지 계약 기간을 적용하면 안 된다. 재계약의 경우에도 26년 7월 2일부터 27년 7월 1일까지로 적용된다. 역시, 그 기간이 오전 0시로부터 시작했기 때문이다. 기존 계약의 연장계약, 재계약, 신규계약 모두 고민의 여지 없이 초일산입을 적용하여야 한다.

민법 제157조(기간의 기산점)는 임의규정이다. 민법에 명시되어 있는 조항이라고 하더라도, 계약에 날짜로 명시가 되어 있으면 계약서가 기준이 된다. 나도 대부분의 임대차 계약에서 초일을 산입하여 임대차 기간을 적용한다. 초일을 산입해야 차임의 계산이 편리하다. 월세가 300만 원이라고 가정할 때, 하루는 10만 원의 차임에 해당한다. 임대인, 임차인 두 사람 간의 공통된 요청으로 2년 계약해 달라고 했는데, 중개사 민법을 잘못 이해하고, 제157조를 적용하여 초일을 불산입하면 2년 1일 계약을 해준 셈이 된다.

한 가지 더 주의해야 할 사항이 있다. 계약갱신요구권의 행사에 필요한 기간의 판단이다. 차임의 증감청구 등의 기간을 정하는 데에도 준용된다. 예를 들어 24년 12월 30일에 만기가 도래하는 임대차 계약이라고 가정하자. 임대인은 언제까지 임차인에게 갱신 거절의 통지를 하여야 할까? 2024년 10월 30일 0시 전까지, 달리 말하면 24년 10월 29일 23시 59분까지 갱신 거절 의사가 임차인에게 도달하여야 한다. 법령에서 따로 정하지 않는 경우 기간의 기산점은 "초일불산입"을 적용하기 때문이다. 만기 2개월의 하루 전까지는 임차인에게 통보하여야 한다.

실무에서 "초일산입" 방식을 사용하든, "초일불산입"을 사용하든 문제가 되지 않았던 것은 날짜를 명시했기 때문이다. 관례상 오전에 이사 나가고, 오후에 이사 들어온다는 약간의 암묵적 양해가 있었기 때문에 "초일불산입"을 사용하고도 큰 문제가 없었던 것이다. 일자가 확정되었기 때문에 굳이 "초일불산입", "초일산입"을 따지지 않아도 되었다.

하지만 공인중개사로서 "초일산입", "초일불산입"의 원리와 적용에 대해서 명확하게 이해하고 업무를 하자. 임대차와 관련된 중개실무에서는 "초일산입"이 거래의 이치에 부합한다.

# 04

# 용도변경 및 전대

### ③ 용도변경 및 전대 등

제3조(용도변경 및 전대 등) 임차인은 임대인의 동의 없이 위 부동산의 용도나 구조를 변경하거나 전대, 임차권 양도 또는 담보 제공을 하지 못하며, 임대차 목적 이외의 용도로 사용할 수 없다.

'용도나 구조를 변경, 전대, 임차권 양도, 담보 제공'의 행위는 임차의 범위를 벗어나는 행위로 간주하는 조항이다. 용도나 구조를 변경하게 될 경우, 부동산의 가치에 감소가 있을 수 있다. 여기에서 용도란, **실제 임차인이 사용하는 용도에 대한 의미까지 포함한다. 건축물대장의 용도변경으로 오해하지 말자.** 주택으로 임대차하여 상가로 사용한다면 부동산의 가치가 달라지는 것은 물론, 주택임대차보호법이 아닌 상가건물 임대차보호법의 보호를 받게 된다.

> ### 상가건물 임대차보호법
>
> **제2조(적용범위)**
> ① 이 법은 상가건물(제3조 제1항에 따른 사업자등록의 대상이 되는 건물을 말한다)의 임대차(**임대차 목적물의 주된 부분을 영업용으로 사용하는 경우를 포함한다**)에 대하여 적용한다. 다만, 제14조의2에 따른 상가건물 임대차위원회의 심의를 거쳐 대통령령으로 정하는 보증금액을 초과하는 임대차에 대하여는 그러하지 아니하다.
>
> ### 대법원 2011. 7. 28. 선고 2009다40967 판결 [임대차보증금]
>
> 상가건물 임대차보호법이 적용되는 상가건물에 해당하는지 여부는 공부상의 표시가 아닌 건물의 현황·용도 등에 비추어 영업용으로 사용하느냐에 따라 실질적으로 판단하여야 하고, 단순히 상품의 보관·제조·가공 등 사실행위만이 이루어지는 공장·창고 등은 영업용으로 사용하는 경우라고 할 수 없으나 그곳에서 그러한 사실행위와 더불어 영리를 목적으로 하는 활동이 함께 이루어진다면 상가건물 임대차보호법의 적용대상인 상가건물에 해당한다고 할 것이다.

상가 임대차보호법에서 임차인의 계약갱신요구권을 10년까지로 규정하고 있어서, 주택의 경우와 크게 차이가 난다. 만약, 임차인이 주택으로 임차 후, 상가로 실제 사용 용도를 변경하여 사용하게 될 경우, 필요에 따라 임대차 계약서 제3조 위반을 근거로 임대인의 재산권을 보호해야 한다.

전대차에 대해서는 조금 더 깊이 알아보자. 다음의 민법 조문을 보자. 민법의 629조와 거의 똑같은 내용이 계약서에 명시되어 있다. 민법에서 금지하고 있기에, 계약서에도 포함시켰을 것으로 생각할 수 있다. 반대로 생각해보면, 민법과 중복되기에 굳이 전대에 관한 계약 내용은 없어도 되는 것처럼 보인다. 하지만 632조를 보면, 건물의 소부분을 사용하게 하는 경우 629~631조의 전대 제한과 관련된 규정을 적용하지 아니한다라고 명시가 되어 있다. 민법에서는 건물의 소부분은 전대차 동의 없이 전대가 가능하도록 명시하고 있다. 이해가 되는가? 민법에서도 통상적인 전대의 제한이 있지만, 소부분은 전대의 제한을 적용하지 않는다. **그러므로 당사자 간의 계약에서 전대차할 수 없다고 한 번 더 명시하는 것이다.** 이러한 임대차 계약의 양식이 보편화되어 있어서, 전대차 계약을 할 때는 반드시 전대차 동의서가 필요한 것이다.

---

**민법, 제3편 채권, 제2장 계약, 제7절 임대차**

**제629조(임차권의 양도, 전대의 제한)**
① 임차인은 임대인의 동의 없이 그 권리를 양도하거나 임차물을 전대하지 못한다.
② 임차인이 전항의 규정에 위반한 때에는 임대인은 계약을 해지할 수 있다.

**제630조(전대의 효과)**
① 임차인이 임대인의 동의를 얻어 임차물을 전대한 때에는 전차인은 직접 임대인에 대하여 의무를 부담한다. 이 경우에 전차인은 전대인에 대한 차임의 지급으로써 임대인에게 대항하지 못한다.
② 전항의 규정은 임대인의 임차인에 대한 권리행사에 영향을 미치지 아니한다.

**제631조(전차인의 권리의 확정)**
임차인이 임대인의 동의를 얻어 임차물을 전대한 경우에는 임대인과 임차인의 합의로 계약을 종료한 때에도 전차인의 권리는 소멸하지 아니한다.

**제632조(임차건물의 소부분을 타인에게 사용케 하는 경우)**
전3조의 규정은 건물의 임차인이 그 건물의 소부분을 타인에게 사용하게 하는 경우에 적용하지 아니한다.

---

반대로 오해하는 예도 있다. 민법을 보니 소부분의 경우 전대가 가능하다고 주장하는 임차인을 만나게 된다. 그럴 때는, 계약서를 가져오시라고 얘기한다. 전대의 제한에 관한 내용과 민법을 함께 보여드

리며, 민법은 이러한데, 당사자 간의 합의에서 전대를 안 하기로 약속했다고 설명해주면 그제야 이해를 한다. 전대차의 동의는 임대인이 전차인의 권리를 인정해준다는 뜻이 된다. 즉, 임차인의 권리가 소멸하더라도 전차인의 권리는 소멸하지 않는다. 이 점을 잘 알고 전대차 계약에 접근하여야 한다.

# 05

# 계약의 해지

### ④ 계약의 해지

제4조(계약의 해지) 임차인의 차임 연체액이 2기(주택의 경우) 또는 3기(상가의 경우)의 차임액에 달하거나, 제3조(용도변경 및 전대 등)를 위반하였을 때는 임대인은 즉시 본 계약을 해지할 수 있다.

**해지**는 지금부터 장래의 계약을 취소한다는 뜻이다. **해제**는 처음부터, 계약의 체결 직전으로 돌아가 계약을 없었던 것으로 한다는 의미이다. 그러므로 원상회복의 의무가 있다.

---

**민법, 제3편 채권, 제2장 계약, 제1절 총칙, 제3관 계약의 해지 · 해제**

550조(해지의 효과)
당사자 일방이 계약을 해지한 때에는 계약은 장래에 대하여 그 효력을 잃는다.

제548조(해제의 효과, 원상회복 의무)
① 당사자 일방이 계약을 해제한 때에는 각 당사자는 그 상대방에 대하여 원상회복의 의무가 있다. 그러나 제3자의 권리를 해하지 못한다.
② 전항의 경우에 반환할 금전에는 그 받은 날로부터 이자를 가하여야 한다.

주택임대차보호법, 상가건물임대차보호법 내용의 대부분이 임차인을 보호하기 위한 편면적 규정이다. 계약서의 내용 중 용도변경 및 전대, 계약의 해지에 관한 규정 정도만 임차인에게 제한을 주는 조항이라고 할 수 있다.

| 민법, 제3편 채권, 제2장 계약, 제7절 임대차 |
|---|
| **제640조(차임연체와 해지)**<br>건물 기타 공작물의 임대차에는 임차인의 차임연체액이 2기의 차임액에 달하는 때에는 임대인은 계약을 해지할 수 있다. |
| **상가건물 임대차보호법** |
| **제10조의8(차임연체와 해지)**<br>임차인의 차임연체액이 3기의 차임액에 달하는 때에는 임대인은 계약을 해지할 수 있다. |

민법에서도 건물 기타 공작물의 임대차에서 차임연체액이 2기에 달하는 때에는 임대인이 계약을 해지할 수 있도록 명시하고 있다. 상가건물 임대차보호법에서는 임차인인 상인을 보호하기 위해 "3기의 차임액에 달하는 때"라고 규정하고 있다. **민법의 특례규정**을 둔 것이다.

| 민간임대주택에 관한 특별법 시행규칙 [서식 24] 표준임대차 계약서 |
|---|
| **제10조(임대차 계약의 해제 · 해지 및 손해배상)**<br>① 임차인이 다음 각 호의 어느 하나에 해당하는 행위를 한 경우를 제외하고는 임대사업자는 이 계약을 해제 또는 해지하거나 임대차 계약의 갱신을 거절할 수 없다.<br>3. 월 임대료를 3개월 이상 연속하여 연체한 경우 |

민간임대주택의 경우, 주택임대차보호법의 "차임연체액이 2기의 차임에 달하는" 보다 완화된 "3개월 이상 연속하여 연체"하는 경우라

고 완화하고 있다. 주택임대차보호법과 차이가 있다. 당연히 주택임대차보호법은 강행규정이기에, 주택임대차보호법이 우선한다라고 생각하면 안 된다. 계약의 내용이 주택임대차보호법에 반하여 임차인에게 불리하면 무효로 하기 때문이다. 표준임대차 계약서의 3개월 이상 연속하여 연체하는 경우라고 적용하는 것은 **임차인에게 유리하므로 유효하다.**

상가의 임대차에서 3개월의 차임이 연체되면 계약이 해지된다는 얘기를 듣고, 차임 3개월 연체가 지났으니 보증금을 돌려달라고 하는 경우도 있다. 더 심한 경우, 3개월 월세 빼고 미리 돌려달라고 요구하는 경우도 있다. 임대인은 해지할 수 있다는 선택권이 부여된 것이지, 해지의 효과가 발생한다는 의미는 아니기에 주의하여야 한다.

임대인과 임차인 상호 간의 채권·채무는 계약이 종료될 때까지 유효하고, 차임은 계속 발생한다. 차임의 3기액에 달한다의 의미는 월세가 100만 원이라고 가정했을 때, 300만 원의 차임연체가 있는 경우 해지의 권한이 생긴다는 의미이다. 한 달씩 수차례 연체를 했더라도, 300만 원까지 연체되지 않았다면 해지의 권한은 발생하지 않는다.

지난달까지 300만 원의 월세가 밀렸었지만, 이번 달 들어와서 밀린 월세를 모두 지불하였다. 그런데 임대인이 갑자기 찾아왔다. 지난달에 밀렸던 월세를 이유로 계약 해지 통보를 해왔다. 하지만 이 경우는 임대인의 해지권은 존재하지 않는다. 임차인이 과거에 3기 이상의 차임액을 연체한 사실이 있어도, 그 후 임대인이 계약 해지를 하기 전에 임차인이 연체된 차임을 전부 또는 일부 지급해 남아 있는 연체액이 3기 이상의 차임액에 못 미칠 경우는 임대인이 계약 해지를 요구할 수 없다. 임대인은 차임을 미납하는 임차인이 있다면, 3기의 연체액이 발생하였을 때, 적절한 해지 통고 근거를 남겨두는 것이 좋다. 내용증명이 가장 적절하다.

# 06

# 계약의 종료와 원상회복

### ⑤ 계약의 종료

제5조(계약의 종료) 임대차 계약이 종료된 경우 임차인은 위 부동산을 원상으로 회복하여 임대인에게 반환한다. 이러한 경우, 임대인은 보증금을 임차인에게 반환하고, 연체임대료 또는 손해배상금이 있을 때는 이들을 제하고 그 잔액을 반환한다.

임대차 계약의 종료에 대해 먼저 알아보자. 임대차는 임대차 기간의 정함이 있는 경우에는 (계약갱신이 없는 경우) 그 기간의 만료로 종료된다. 계약서 제4조(계약의 해지)에 명시된 해지권, 임차인이 파산선고를 받은 경우 등 해지사유가 있는 경우에는 계약 해지의 통고로써 임대차 계약을 종료할 수 있다.

> **민법, 제3편 채권, 제2장 계약, 제7절 임대차**
>
> **제637조(임차인의 파산과 해지 통고)**
> ① 임차인이 파산선고를 받은 경우에는 임대차 기간의 약정이 있는 때에도 임대인 또는 파산관재인은 제635조의 규정에 의하여 계약 해지의 통고를 할 수 있다.
> ② 전항의 경우에 각 당사자는 상대방에 대하여 계약 해지로 인하여 생긴 손해의 배상을 청구하지 못한다.

기한의 약정이 없는 임대차의 경우, 해지 통고를 통해 계약을 종료할 수 있다.

> **민법, 제3편 채권, 제2장 계약, 제7절 임대차**
>
> **제635조(기간의 약정 없는 임대차의 해지 통고)**
> ① 임대차 기간의 약정이 없는 때에는 당사자는 언제든지 계약 해지의 통고를 할 수 있다.
> ② 상대방이 전항의 통고를 받은 날로부터 다음 각 호의 기간이 경과하면 해지의 효력이 생긴다.
> 1. 토지, 건물 기타 공작물에 대하여는 임대인이 해지를 통고한 경우에는 6월, 임차인이 해지를 통고한 경우에는 1월
> 2. 동산에 대하여는 5일 제636조(기간의 약정 있는 임대차의 해지 통고) 임대차 기간의 약정이 있는 경우에도 당사자 일방 또는 쌍방이 그 기간 내에 해지할 권리를 보류한 때에는 전조의 규정을 준용한다.

그 밖에도 임차인이 해지할 수 있는 경우는 다음과 같다.

> **민법 중 임차인의 즉시 해지**
>
> **제625조(임차인의 의사에 반하는 보존행위와 해지권)**
> 임대인이 임차인의 의사에 반하여 보존행위를 하는 경우에 임차인이 이로 인하여 임차의 목적을 달성할 수 없는 때에는 계약을 해지할 수 있다.
>
> **제627조(일부멸실 등과 감액청구, 해지권)**
> ① 임차물의 일부가 임차인의 과실 없이 멸실 기타 사유로 인하여 사용, 수익할 수 없는 때에는 임차인은 그 부분의 비율에 의한 차임의 감액을 청구할 수 있다.
> ② 전항의 경우에 그 잔존 부분으로 임차의 목적을 달성할 수 없는 때에는 임차인은 계약을 해지할 수 있다.

계약서의 제4조(계약의 해지) 및 임차인에 의한 즉시 해지의 경우, 해지의 의사표시가 상대방에게 도달한 때에 임대차는 종료된다. 임대차가 종료되었다면, 원상회복을 하여야 한다. 그렇다면 원상복구는 어디까지 어떻게 해야 할까? 임대인이 부담해야 하는 원상복구의 비용이 있다.

흔히, 임차인이 사용하였으니 퇴거 시에는 "최대한" 원상복구하여야 한다고 생각한다. 맞는 말이다. 임대인 부담의 원상복구는 소극적이다. 임대인은 통상적인 필요비에 해당하는 원상복구를 한다. 예를 들어 마루가 닳거나, 벽지가 변색되는 등의 세입자의 귀책사유 없는 부분은 임대인이 부담한다. 임차인의 거주 중에 정상적인 사용으로 인해 발생한 마모, 벽지의 변색 등은 임대인이 부담한다. 그래서 임차인은 그대로 두고 나가도 되는 것.

임차인이 부담해야 하는 원상복구의 비용이 많다. 만약 흡연으로 인해 벽지가 변색되거나 못질, 낙서, 페인트 등에 의한 오염이 발생하였다면, 임차인이 부담해야 한다. 넓은 방을 두 개의 구역으로 나누기 위해 중문을 설치하였다면, 이 또한 원상복구의 범위에 해당한다. 이러한 경우, 사용기능의 개선을 위해 필요하다고 당사자 간에 인정된다면 원상회복 면제특약을 사용하는 것도 좋다. 임대인과 임차인의 합의로 비용상환청구권이나 매수청구권을 포기하는 대신 원상회복 의무를 면제하는 특약을 사용하면 된다.

즉, 임차인이 설치한 중문에 대하여, 임대인은 계약 종료 시 원상회복 의무를 면제하고, 임차인은 매수청구 및 비용상환청구를 하지 않는다라고 명시하면 좋을 것이다. 원상회복의 완료 및 부동산의 반환, 임대차 보증금 반환은 동시이행 관계이다.

---

**민법, 제3편 채권, 제2장 계약, 제2관 계약의 효력, 제3관 계약의 해지 · 해제**

**제536조(동시이행의 항변권)**
① 쌍무계약의 당사자 일방은 상대방이 그 채무이행을 제공할 때까지 자기의 채무이행을 거절할 수 있다. 그러나 상대방의 채무가 변제기에 있지 아니하는 때에는 그러하지 아니하다.
② 당사자 일방이 상대방에게 먼저 이행하여야 할 경우에 상대방의 이행이 곤란할 현저한 사유가 있는 때에는 전항 본문과 같다.

**제548조(해제의 효과, 원상회복 의무)**
① 당사자 일방이 계약을 해제한 때에는 각 당사자는 그 상대방에 대하여 원상회복의 의무가 있다. 그러나 제3자의 권리를 해하지 못한다.
② 전항의 경우에 반환할 금전에는 그 받은 날로부터 이자를 가하여야 한다.

**제549조(원상회복 의무와 동시이행)**
제536조의 규정은 전조의 경우에 준용한다.

---

임대차 보증금은 임대인에게 이자수익을 가져다준다. 아울러 임대차 계약에서의 손해배상 담보금의 역할을 한다. 임대차 보증금은 차임 미지급, 목적물의 멸실이나 훼손 등 임대차 관계에서 발생할 수 있는 임차인의 모든 채무를 담당한다. 차임 및 손해, 지연이자, (실제 소요될 수 있는) 원상복구 비용, 시설물의 회복비용, 부동산 인도 소송비용까지 공제할 수 있다.

# 07

# 계약의 해제, 해약금, 계약금

**⑥ 계약의 해제**

제6조(계약의 해제) 임차인(매수인)이 임대인(매도인)에게 중도금을 지급하기 전(중도금이 없을 때에는 잔금)까지 임대인(매도인)은 **계약금의 배액을 상환하고, 임차인(매수인)은 계약금을 포기하고 이 계약을 해제할 수 있다.**

**계약금을 해약금으로 본다는 뜻이다. 해약금에 의한 해제는 손해배상액으로 인정한다. 민법 제565조 ②.** 계약서에 명시된 약정해제권을 설명하는 말이다. "중도금 지급 전"이라는 조건을 충족하면, 계약금 포기 또는 배액 상환으로 계약을 해제할 수 있다. 약정해제권은 당사자 간의 협의에 따라 만들어진 해제권이다. 해제권은 일단 유효하게 성립한 계약을 소급하여 소멸시키는 효과가 있다. 일방의 의사표시로 계약을 해소시키는 권리를 말한다. 민법에서는 이행의 착수라고 명시했고, 우리 계약서에는 중도금의 지급이라고 명시되어 있다. 민법보다 조금 구체적으로 명시가 되었다고 볼 수 있다. 계약서에 따라, 중도금 전이라면 상호 해약금에 의한 해제권을 보유하고 있는 것이다.

### 대법원 2006. 2. 10. 선고 2004다11599 판결
### [소유권이전 등기]

매매계약의 체결 이후 시가 상승이 예상되자 매도인이 구두로 구체적인 금액의 제시 없이 매매대금의 증액 요청을 하였고, 매수인은 이에 대하여 확답하지 않은 상태에서 중도금을 이행기 전에 제공하였는데, 그 이후 매도인이 계약금의 배액을 공탁하여 해제권을 행사한 사안에서, 시가 상승만으로 매매계약의 기초적 사실관계가 변경되었다고 볼 수 없고, 이행기 전의 이행의 착수가 허용되어서는 안 될 만한 불가피한 사정이 있는 것도 아니므로 매도인은 위의 해제권을 행사할 수 없다고 한 원심의 판단을 수긍한 사례

계약서 제6조의 약정해제권 이외의 특약으로 다양한 약정해제권을 둘 수 있다. 가령, "다음 달 기준금리 발표 시, 기준금리가 상승하면 매수인은 계약을 해제할 수 있다"라고 했을 때, 정말 기준금리가 상승하면 매수인은 약정에 따른 해제권, 약정해제권을 보유하게 되고, 약정해제권을 행사하게 되면 계약은 해제된다. "해제할 수 있다"라는 특약 때문에 해제권이 발동되어 계약이 해제된 경우, 처음부터 계약은 없었던 것으로 돌아가므로 교부받은 계약금은 반환하여야 한다.

> **민법, 제3편 채권, 제2장 계약, 제3절 매매, 제1관 총칙**
>
> **제565조(해약금)**
> ① 매매의 당사자 일방이 계약 당시에 금전 기타 물건을 계약금, 보증금 등의 명목으로 상대방에게 교부한 때에는 **당사자 간에 다른 약정이 없는 한 당사자의 일방이 이행에 착수할 때까지 교부자는 이를 포기**하고 수령자는 그 배액을 상환하여 매매계약을 해제할 수 있다.
> ② 제551조(해지 해제는 손해배상의 청구에 영향을 미치지 아니한다)의 규정은 전항의 경우에 이를 적용하지 아니한다.

**해약금**은 당사자의 일방이 이행에 착수하기 전까지의 손해배상액이 된다.

"구두로만 약속하면 쉽게 마음이 변할 수 있으니, 돈을 줄게. 약속 파기하려면 배액을 상환해야 해. 내가 약속을 파기하려면 돈을 포기할게."

해제권(약속을 파기하는)의 실행을 보류하는 계약금이다. 실제의 손해가 크든 작든, 해약금에 의한 계약의 해제는 손해배상액으로 인정된다(민법 제565조 ②). 그러므로 계약금(해약금)에 대한 적절한 규모의 설정이 필요하다.

매도인의 약정해제권을 무력화하기 위해 중도금을 일정보다 빨리 지급하는 방법을 사용하기도 한다. 매매계약의 체결 이후, 시가 상승이 예상되자 매도인이 구두로 구체적인 금액의 제시 없이 매매대금의 증액을 요청하였고, 매수인은 이에 확답하지 않고, 중도금을 이행기 이전에 제공하였다. 이후 매도인의 배액 배상에 의한 해제권을 법원은 인정하지 않았다.

민법에서는 **"당사자의 일방이 이행에 착수할 때까지 교부자는 이를 포기, 수령자는 배액을 상환"**이라고 명시한 부분을 조금 더 깊이 봐야 한다. 어디까지 이행의 착수로 볼 수 있을 것인가? 판례에서는 대출을 신청하여 승인을 받았다는 사실을 "이행에 착수"로 해석하여 상대방이 배액 배상을 할 수 없다고 인정한 사례가 있다. 그 외에도, 잔금의 변제공탁, 중도금이나 잔금의 지급을 위해 상대방이 위치한 곳까지 이동하였으나 상대방이 거절한 경우, 중도금 지급에 갈음하는 채권양도, 해약금에 의한 해제의사표시 도달 전 이행 착수 등 다양하게 **"이행에 착수"**를 인정하고 있다.

**대법원 2002. 11. 26. 선고 2002다46492 판결**
**[소유권이전 등기절차이행]**
매수인이 매도인의 동의하에 매매계약의 계약금 및 중도금 지급을 위하여 은행어음을 교부한 경우, 매수인은 계약의 이행에 착수하였다고 본 사례

해제권의 행사방법은 상대방에 대한 의사표시로 하며, 해제권의 의사표시는 철회할 수 없다.

---

**민법, 제3편 채권, 제2장 계약, 제1절 총칙, 제3관 계약의 해지 · 해제**

**제543조(해지 해제권)**
① 계약 또는 법률의 규정에 의하여 당사자의 일방이나 쌍방이 해지 또는 해제의 권리가 있는 때에는 그 해지 또는 해제는 상대방에 대한 의사표시로 한다.
② 전항의 의사표시는 철회하지 못한다.

계약서에 표시된 약정해제 이외의 법정해제권이 있다는 것도 함께 알아두어야 한다.

---

**민법, 제3편 채권, 제2장 계약, 제1절 총칙, 제3관 계약의 해지 · 해제**

**제544조(이행지체와 해제)**
당사자 일방이 그 채무를 이행하지 아니하는 때에는 상대방은 상당한 기간을 정하여 그 이행을 최고하고, 그 기간 내에 이행하지 아니한 때에는 계약을 해제할 수 있다. 그러나 채무자가 미리 이행하지 아니할 의사를 표시한 경우에는 최고를 요하지 아니한다.

**제546조(이행불능과 해제)**
채무자의 책임 있는 사유로 이행이 불능하게 된 때에는 채권자는 계약을 해제할 수 있다.

---

민법에서 정한 바와 같이, 매수인(임차인)이 중도금의 지급을 지체하거나(이행지체), 매도인(임대인)의 부주의한 관리로 건물에 화재가 발생해 소실된 경우(이행불능), 또는 이행거절의 경우 채권자는 계약을 해제할 수 있다. 이행지체의 경우, 상당 기간 이행을 최고하고, 이행하지 아니한 때에 계약을 해제할 수 있다.

# 08

# 채무불이행과 손해배상

### ⑦ 채무불이행과 손해배상

　제7조(채무불이행과 손해배상의 예정) 매도인(임대인) 또는 매수인(임차인)은 본 계약상의 내용에 대하여 불이행이 있을 경우 그 상대방은 불이행한 자에 대하여 서면으로 최고하고 계약을 해제할 수 있다. 이 경우 계약당사자는 계약해제에 따른 손해배상을 각각 상대방에게 청구할 수 있으며, 손해배상에 대하여 별도의 약정이 없는 한 계약금을 손해배상의 기준으로 본다.

---

**민법, 제3편 채권, 제1장 총칙, 제2절 채권의 효력**

제392조(이행지체 중의 손해배상)
채무자는 자기에게 과실이 없는 경우에도 그 **이행지체 중에 생긴 손해를 배상**하여야 한다. 그러나 채무자가 이행기에 이행하여도 손해를 면할 수 없는 경우에는 그러하지 아니하다.

제393조(손해배상의 범위)
① 채무불이행으로 인한 손해배상은 통상의 손해를 그 한도로 한다.
② 특별한 사정으로 인한 손해는 채무자가 그 사정을 알았거나 알 수 있었을 때에 한하여 배상의 책임이 있다.

> **제398조(배상액의 예정)**
> ① 당사자는 **채무불이행에 관한 손해배상액을 예정할 수 있다.**
> ② 손해배상의 예정액이 부당히 과다한 경우에는 **법원은 적당히 감액할 수 있다.**
> ③ **손해배상액의 예정은 이행의 청구나 계약의 해제에 영향을 미치지 아니한다.**
> ④ **위약금의 약정은 손해배상액의 예정으로 추정한다.**
> ⑤ 당사자가 금전이 아닌 것으로서 손해의 배상에 충당할 것을 예정한 경우에도 전4항의 규정을 준용한다.

"서면으로 최고하고 계약을 해제할 수 있다"를 보자. 계약해제의 의사표시 방법을 정하고 있다. 구두로 이야기하는 것이 아닌, "서면"으로 의사표시를 하기로 약속하였다. 아울러 민법에 있는 최고의 절차를 하기로 약속한 것이다. 여기에서 가장 중요한 키워드는, **"별도의 약정이 없는 한 계약금을 손해배상의 기준으로 본다"** 는 문구이다. "기준으로 본다"라는 말을 한 번 더 곱씹어보자. 채무불이행으로 인한 계약의 파기에서도 계약금이 손해배상의 기준, 즉 위약금이 된다는 의미이다.

당사자 간 손해배상을 예정한 경우, 초과손해가 있더라도 별도로 배상받을 수 없다. 손해배상의 예정조항으로 인해, 계약금 상당의 위약금을 청구하게 된다. 특히 소송상 위약금을 청구하면서, 상대방의 채무불이행 사실만 입증하면 되고, 그로 인해 나에게 얼마만큼의 실제 손해가 발생하였는지, 구체적 손해액을 입증할 필요가 없다는 점에서 편리하게 사용될 수 있다. 나아가 손해배상액의 예정이 부당히 과다한 경우에는 법원은 적당히 감액할 수 있다.

다만, 법원이 손해배상의 예정액을 감액하려면 채권자와 채무자의 경제적 지위, 계약의 목적과 내용, 손해배상액을 예정한 경위(동기), 채무액에 대한 예정액의 비율, 예상 손해액의 크기, 당시의 거래관행과 경제상태 등을 참작한 결과 손해배상 예정액의 지급이 경제적 약자의 지위에 있는 채무자에게 부당한 압박을 가하여 공정을 잃는 결과를 초래한다고 인정되는 경우라야 할 것이다.

채무자는 채권자와 사이의 채무불이행에 있어서, 자신의 귀책사유가 없음을 주장, 증명함으로써 예정 배상액의 지급 책임을 면할 수 있다(대법원 1993. 4. 23. 선고 92다41719 판결 [손해배상(기)], 대법원 2010. 2. 25. 선고 2009다83797 판결 [추심금]).

아울러, 손해배상의 예정이 있는 경우, 실제의 손해액이 예정액보다 크다는 것을 증명하더라도 그 초과액을 청구할 수 없는 것으로 해석하는 것이 일반적이다. 계약 당시 손해배상액을 예정한 경우에는 다른 특약이 없는 한 채무불이행으로 인하여 입은 통상 손해는 물론 특별 손해까지도 예정액에 포함되고, 채권자의 손해가 예정액을 초과한다고 하더라도 초과 부분을 따로 청구할 수 없다(대법원 1993. 4. 23. 선고 92다41719 판결 [손해배상(기)]).

예를 들어보자. 건축물의 용도변경(의원 → 병원)을 전제로 하여 임대차 계약을 체결하였다. 보증금 1억에 월 차임 1,000만 원, 계약금 1,000만 원, 중도금 6,000만 원, 잔금 3,000만 원, 중도금 이후 인테리어에 착수하는 조건이다.

병원장은 인테리어 비용으로 2억 원을 지출하였다. 건물주는 용도변경을 하게 될 경우, 주차대수가 부족하여 다른 호실의 용도에 제한이 생긴다는 내용을 알게 되고, 다른 방법을 찾기 위해 용도변경을 미루고 있다. 임차인은 잔금 지급 시기가 도래하고 인테리어가 완료되는 단계가 되었는데, 병원으로 용도변경이 되지 않아 답답해한다. 채무불이행에 따른 계약해제 및 손해배상청구를 하려다가 청천벽력 같은 소리를 듣게 된다. 채무불이행에 관한 손해배상예정액은 계약금으로 정해져 있다는 것! 그렇다면 인테리어 비용 2억 원은 어떻게 해야 하나? 그냥 공중에 날린 것인가?

이런 경우라면, 사전에 특약으로 채무불이행의 위약금 약정을 별도로 두어야 한다. "제7조의 손해배상의 기준이 있음에도 불구하고, 채무불이행에 따른 피해의 범위가 손해배상예정액을 초과할 경우, 예정액을 초과한 실손해까지 배상하기로 한다"는 특약을 미리 포함할 필요가 있다.

이제 계약금, 해약금, 위약금, 위약벌까지 조금 이해가 되고 정리가 되었길 바란다. 위약금에 있어서 무조건 계약양식을 적용하는 것이 아닌 계약의 중요도와 금전적 이해관계를 적절히 고려할 필요가 있다.

## 최종 정리

**계약금=해약금** : 계약을 지키기 위한 약정액. 중도금(잔금) 또는 이행의 착수 전까지 유효
**위약금=손해배상예정액** : 채무불이행에 따른 손해배상액의 예정
**"계약금을 손해배상의 기준으로 본다."**
계약금을 초과하는 손해배상책임을 묻지 않는다.
법원의 판결로 감액할 수 있다.
채무불이행에 따른 과다한 손해배상이 예상되는 경우, 별도의 위약금 특약 필요

**위약벌** : 위약금과 다르다. 위약금은 손해에 대한 배상액을 의미하고, "위약벌"은 손해배상액 이외의 채무자의 채무이행 가능성 및 경각심을 높이기 위해 별도로 약정하는, "사적인 벌금"
위약벌의 경우, 위약금과 달리, 과도하다고 판단하더라도 법원에서 감액할 수는 없다. 다만 위약벌 약정이 사회질서에 반한다고 볼 수 있을 정도로 과하다고 판단하면 일부 또는 전부를 무효화시킬 수 있다.

대법원 1993. 3. 23. 선고 92다46905 판결 [판매대금]
**위약벌의 약정은 채무의 이행을 확보하기 위하여 정해지는 것으로서 손해배상의 예정과는 그 내용이 다르므로 손해배상의 예정에 관한 민법 제398조 제2항을 유추 적용하여 그 액을 감액할 수는 없고 다만 그 의무의 강제에 의하여 얻어지는 채권자의 이익에 비하여 약정된 벌이 과도하게 무거울 때에는 그 일부 또는 전부가 공서양속에 반하여 무효로 된다.**

# 09

# 소유권이전 등 동시이행

⑧~⑩의 경우 소유권이전에 관한 내용으로, 매매거래에 사용되는 조항이다.

제2조 [소유권이전 등] 매도인은 매매대금의 잔금 수령과 동시에 매수인에게 소유권이전 등기에 필요한 모든 서류를 교부하고 등기절차에 협력 하여야 하며, 위 부동산의 인도일은 2024-05-01 로 한다.   ☑약정사항보기
제3조 [제한물권 등의 소멸] 매도인은 위 부동산에 설정된 저당권, 지상권, 임차권 등 소유권의 행사를 제한하는 사유가 있거나, 제세공과금과 기타 부담금의 미납 등이 있을 때에는 잔금 수수일까지 그 권리의 하자 및 부담 등을 제거하여 완전한 소유권을 매수인에게 이전한다. 다만, 승계하기로 합의하는 권리 및 금액은 그러하지 아니하다.
제4조 [지방세 등] 위 부동산에 관하여 발생한 수익의 귀속과 제세 공과금 등의 부담은 위 부동산의 인도일을 기준으로 하되, 지방세의 납부의무 및 납부책임은 지방세법의 규정에 의한다.

## ⑧ 소유권이전 등

제2조(소유권이전 등) 매도인은 매매대금의 잔금 수령과 동시에 매수인에게 소유권이전 등기에 필요한 모든 서류를 교부하고 등기절차에 협력하여야 하며, 위 부동산의 인도일은 2024년 5월 1일로 한다.

잔금의 지불과 소유권이전 등기에 필요한 서류의 교부 및 점유이전

은 동시이행 관계이다.

> **민법, 제3편 채권, 제1장 총칙, 제2절 채권의 효력**
>
> **제536조(동시이행의 항변권)**
> ① 쌍무계약의 당사자 일방은 상대방이 그 채무이행을 제공할 때까지 자기의 채무이행을 거절할 수 있다. 그러나 상대방의 채무가 변제기에 있지 아니하는 때에는 그러하지 아니하다.
> ② 당사자 일방이 상대방에게 먼저 이행하여야 할 경우에 상대방의 이행이 곤란할 현저한 사유가 있는 때에는 전항 본문과 같다.

## 대법원 2023. 12. 7. 선고 2023다269139 판결
### [소유권이전 등기]

아파트 매매계약을 체결한 매도인과 매수인, 그 아파트에 사는 임차인이 있다. 임차인은 계약갱신요구권을 행사하지 않겠노라 매도인에게 이야기했고, 매도인은 이에 따라 매수인과 매매계약을 체결하였다. 매매계약의 잔금일 직전, 임차인이 계약갱신요구권의 통보를 하였다. 매도인은 어쩔 수 없이 받아들여야 하는 상황. 임차인의 계약갱신요구로 인해 명도가 불가능해진 매수인은 잔금 지급을 거절하였다.

이에 매도인은 등기서류를 공탁한 후, 계약을 해제한다는 의사표시를 하였다. 이에 따라 매수인은 매매계약에 따른 소유권이전 등기 절차의 이행을 구하는 소를 제기하였다. 원심에서 손해배상청구를 추가하였다. 매도인은 잔금을 수령하지 못한 상태에서 매도인의 해제권 행사로 인해 적법하게 해제되었다고 항변하였다.

원심은 매매계약의 해석상 매도인의 현실 인도 의무가 인정되지 않는다고 보아, 매도인의 해제가 적법하다고 판단하였으나, 대법원은 임차인의 갱신요구권 행사로 인해 매도인의 현실 인도 의무이행이 곤란할 현저한 사정변경이 생겼고, 이로 인해 계약내용에 따른 매수인의 선이행 의미인 잔금 지급의무를 이행하게 하는 것이 공평과 신의칙에 반하게 되었다고 볼 여지가 있다. 즉, 최초의 계약목적과 다르게 현실 인도가 안 되는 상황에서 잔금 의무를 이행하라고 하는 것은 공평하지 않다고, 원심의 판결을 파기 환송하였다.

| 소유권이전 등기에 필요한 서류 | | |
|---|---|---|
| 준비서류 | 매도인 | 등기권리증, 매도용 인감증명서(매수인 인적사항 기재), 주민등록초본, 인감도장 |
| | 매수인 | 주민등록등본, 인감도장, 등기신청위임장(매도인 동행하지 않을 경우) |
| 기타서류 | 매매계약서 | |
| | 부동산실거래신고필증(구청 지적부서) | |
| | 취득세영수필확인서(구청 세무부서) | |
| | 국민주택채권 매입영수증(인터넷/은행) | |
| | 소유권이전 등기신청서, 매매목록(거래 대상 부동산이 2개 이상) | |
| | 수입인지(인터넷/은행) | |
| | 등기신청수수료 납부영수증(인터넷/은행) | |
| 발급서류 | 토지대장(대지권등록부), 건축물대장(집합건물 전유 부분) | |

# 10

# 제한물건 등의 소멸, 지방세 등

### ⑨ 제한물권 등의 소멸

제3조(제한물권 등의 소멸) 매도인은 위 부동산에 설정된 저당권, 지상권, 임차권 등 소유권의 행사를 제한하는 사유가 있거나, 제세공과금과 기타 부담금의 미납 등이 있을 때에는 잔금 수수일까지 그 권리의 하자 및 부담 등을 제거하여 완전한 소유권을 매수인에게 이전한다. 다만, 승계하기로 합의하는 권리 및 그 금액은 그러하지 아니하다.

제한물권 등의 소멸에 있어서 가장 핵심인 부분은 "권리의 하자 및 부담 등을 제거하여 완전한 소유권을 매수인에게 이전한다"이다. 즉, 임차권, 근저당권 등 제한 권리를 모두 소멸시킨 소유권을 이전해야 할 의무가 있다는 것이다. 처분해야 할 근저당권이 남아 있다면, 잔금의 지급을 유예하는 것이 맞다. 만약 이 조항이 없다면 근저당이나 가압류 등이 말소되지는 않은 상황이더라도 잔금일이 도래하면 잔금을 지급해야 하는 상황이 생기는 것이다.

### ⑩ 지방세 등

제4조(지방세 등) 위 부동산에 관하여 발생한 수익의 귀속과 제세공과금 등의 부담은 위 부동산의 인도일을 기준으로 하되, 지방세의 납부의무 및 납부책임은 지방세법의 규정에 의한다.

**매매대금의 잔금일을 기준으로, 잔금일의 소유자는 매수자이다.**
월세가 있는 건물이라면, 잔금일의 수익은 매수자에게 귀속된다. 지방세(재산세)는 매년 6월 1일이 과세기준일이다. 6월 1일에 잔금을 지급하게 되면, 매수자가 납세해야 한다. 달리 말하면, 6월 1일 23시 59분의 소유자가 납세의무를 가진다고 할 수 있다.

종합부동산세는 국세이다. 과세기준일은 지방세의 과세기준일과 같은 매년 6월 1일이다. 종합부동산세를 내고 있던 매도인이 6월 1일 잔금을 마치고, 소유권이전을 하게 되는 경우, 매수인의 유형별 과세대상의 합산에 따라 종합부동산세를 납부한다. 매도인의 경우, 매도한 부동산은 종합부동산세의 합산 대상에서 제외된다.

# 11

# 중개와 관련된 내용

⑬ 중개보수에 관련된 내용

제7조(중개보수) 개업공인중개사는 매도인 또는 매수인의 본 계약 불이행에 대하여 책임을 지지 않는다. 또한 중개보수는 본 계약 체결에 따라 계약당사자 쌍방이 각각 지급하며, 개업공인중개사의 고의나 과실 없이 본 계약이 무효, 취소 또는 해제되어도 중개보수는 지급한다. 공동중개인 경우에 매도인과 매수인은 자신이 중개 의뢰한 개업공인중개사에게 각각 중개보수를 지급한다.

계약이 해제되거나 취소되어도 본 조항에 따라 중개보수를 지급받을 수 있다. 이 내용은 공인중개사법에도 명시되어 있다.

---
**공인중개사법 제32조(중개보수 등)**

① 개업공인중개사는 중개업무에 관하여 중개의뢰인으로부터 소정의 보수를 받는다. 다만, 개업공인중개사의 고의 또는 과실로 인하여 중개의뢰인 간의 거래행위가 무효·취소 또는 해제된 경우에는 그러하지 아니하다.

⑭ **중개보수 외의 보수**

제8조(중개보수 외) **매도인 또는 매수인이 본 계약 이외의 업무를 의뢰한 경우, 이에 관한 보수는 중개보수와는 별도로 지급하며, 그 금액은 합의에 의한다.**

공인중개사의 초과보수가 문제가 되는 경우가 많았다. 매도인이 초과보수를 주겠노라 약정을 하고도 마음이 바뀌는 경우가 많았다. 계약서 내용에도 본 계약 외의 업무를 의뢰한 경우, 이에 관한 보수는 중개보수와 별도로 지급한다고 명시하고 있다. 계약의 성사로 인한 초과보수는 계약 이외의 업무로 보지 않는 것이다. 중개보수를 초과해 지급하기로 약정했다고 하더라도, 중개보수의 한도를 초과해 지급한 금원은 강행법규의 위반으로 무효이다. 초과보수를 지급한 사람은 반환을 청구할 수도 있다.

**공인중개사법 등 관련 법령에서 정한 한도를 초과하는 부동산중개보수 약정은 그 한도를 초과하는 범위 내에서 무효이다**(대법원 2007. 12. 20. 선고 2005다32159 전원합의체 판결).

중개 계약과 조금 다른 사례를 예로 들면, 공매 대상 부동산의 취득을 알선한 것에 대해 공인중개사법에 따른 보수 제한에 관한 규정이 적용된다는 판례가 나왔다(대법원 2017다243723 판결 손해배상).

**공매**는 목적물의 강제 환가라는 특징이 있기는 하나 본질적으로 매매의 성격을 지니고 있으므로 실질적인 내용과 효과에서 공매 대상 부동산의 취득을 알선하는 것은 그 목적물만 차이가 있을 뿐 공인중개사법 제2조 제1항에서 정하는 매매를 알선하는 것과 차이가 없다. 따라서 공매에 대해서 보수제한 규정을 비롯하여 매매에 관하여 적용되는 거래당사자 보호에 관한 규정을 배제할 이유가 없다(대법원 2007. 4. 12. 선고 2005다40853 판결 참조).

#### ⑮ 중개대상물 확인설명서

**제9조**(중개대상물 확인설명서 교부 등) **개업공인중개사는 중개대상물 확인설명서를 작성하고 업무보증관계증서**(공제증서 등) **사본을 첨부하여 거래당사자 쌍방에게 교부한다.** (교부일자 : 2024년 5월 1일) **중개보수는 5,000,000원으로 한다**(부가세 포함).

---

**공인중개사법 제30조**(손해배상책임의 보장)

**제30조**(손해배상책임의 보장)
⑤ 개업공인중개사는 중개가 완성된 때에는 거래당사자에게 손해배상책임의 보장에 관한 다음 각 호의 사항을 설명하고 **관계 증서의 사본을 교부**하거나 **관계 증서에 관한 전자문서를 제공**하여야 한다.

---

과거에는 중개보수에 대한 명시가 계약서에 나오지 않았다. 물론, 지금도 계약서에 중개보수를 명시해야 할 의무는 없다. 공인중개사들이 법정상한 요율의 중개보수를 청구한다며, 미리 협의하라는 취지의 입법 시도가 있었다. 정부에서 주택가격 폭등의 책임을 공인중개사에

게 떠넘기려 하였다. 이로 인해 중개보수를 제대로 주지 않으려는 거래당사자가 왕왕 발생하였다. 거래계약서에 중개보수의 명시에 대한 부분은 입법 단계에서 중개사의 찬성과 반대가 나뉘기도 했지만, 중개보수의 계약서 명시는 삭제되었다. 한국공인중개사협회의 계약서 양식에서는 중개사가 자유로이 선택해서 명시할 수 있도록 시스템이 갖추어졌다.

2020년 2월 21일 공인중개사법 개정으로 중개대상물 확인설명서의 중개보수 등에 관한 기재사항에 "중개보수 지급 시기란"이 추가되었다. 중개보수의 지급 시기에 대한 약정이 없는 경우, 잔금일이 중개보수의 지급일이 된다.

---

**공인중개사법 시행령 제27조의2(중개보수의 지급 시기)**

**제27조의2(중개보수의 지급 시기)**
법 제32조 제3항에 따른 중개보수의 지급 시기는 개업공인중개사와 중개의뢰인 간의 약정에 따르되, 약정이 없을 때에는 중개대상물의 거래대금 지급이 완료된 날로 한다

---

### ⑯ 부동산 거래신고의 의무

부동산의 매매계약일 경우, 공인중개사가 거래신고의 의무를 진다. 주택의 임대차 계약신고일 경우 거래당사자, 임대인 및 임차인이 임대차 계약의 신고의무를 가진다. 계약 체결일부터 30일 이내에 신고하여야 한다.

> **부동산 거래신고 등에 관한 법률 제2장 부동산 거래의 신고**
>
> **제3조(부동산 거래의 신고)**
> ① 거래당사자는 다음 각 호의 어느 하나에 해당하는 계약을 체결한 경우 그 실제 거래가격 등 대통령령으로 정하는 사항을 **거래계약의 체결일부터 30일 이내에 그 권리의 대상인 부동산등**(권리에 관한 계약의 경우에는 그 권리의 대상인 부동산을 말한다)의 **소재지를 관할하는 시장**(구가 설치되지 아니한 시의 시장 및 특별자치시장과 특별자치도 행정시의 시장을 말한다) · 군수 또는 구청장(이하 "신고관청"이라 한다)에게 공동으로 신고하여야 한다. 다만, 거래당사자 중 일방이 국가, 지방자치단체, 대통령령으로 정하는 자의 경우(이하 "국가등"이라 한다)에는 국가등이 신고를 하여야 한다
> ③ 「공인중개사법」 제2조 제4호에 따른 개업공인중개사(이하 "개업공인중개사"라 한다)가 같은 법 제26조 제1항에 따라 거래계약서를 작성 · 교부한 경우에는 **제1항에도 불구하고 해당 개업공인중개사가 같은 항에 따른 신고를 하여야 한다.** 이 경우 공동으로 중개를 한 경우에는 해당 개업공인중개사가 공동으로 신고하여야 한다.
> ⑤ 제1항부터 제4항까지에 따라 신고를 받은 **신고관청은 그 신고내용을 확인한 후 신고인에게 신고필증을 지체 없이 발급**하여야 한다.

> **부동산 거래신고 등에 관한 법률 제2장의 2 부동산 임대차 계약의 신고**
>
> **제6조의2(주택 임대차 계약의 신고)**
> ① 임대차 계약당사자는 주택(「주택임대차보호법」 제2조에 따른 주택을 말하며, 주택을 취득할 수 있는 권리를 포함한다. 이하 같다)에 대하여 대통령령으로 정하는 금액을 초과하는 임대차 계약을 체결한 경우 그 보증금 또는 차임 등 국토교통부령으로 정하는 사항을 임대차 계약의 **체결일부터 30일 이내**에 주택 소재지를 관할하는 신고관청에 공동으로 신고하여야 한다. 다만, 임대차 계약당사자 중 일방이 국가등인 경우에는 국가등이 신고하여야 한다.

국토교통부는 임대주택법 시행규칙 제20조에서 표준임대차 계약서를 별지 서식을 통해 배포하고 있다. 임대사업자가 표준임대차 계약서를 사용하지 않으면, 횟수별로 1차 500만 원, 2차 700만 원, 3차 1,000만 원의 과태료 부과처분을 받는다.

## 민간임대주택에 관한 특별법(민간임대주택법) 제47조(표준임대차 계약서)

① 임대사업자가 **민간임대주택에 대한 임대차 계약을 체결하려는 경우**에는 국토교통부령으로 정하는 **표준임대차 계약서를 사용하여야 한다.**
② 제1항의 표준임대차 계약서에는 다음 각 호의 사항이 포함되어야 한다.
1. 임대료 및 제44조에 따른 임대료 증액 제한에 관한 사항
2. 임대차 계약 기간
3. 제49조에 따른 임대보증금의 보증에 관한 사항
4. 민간임대주택의 선순위 담보권, 국세 · 지방세의 체납사실 등 권리관계에 관한 사항
5. 임대사업자 및 임차인의 권리 · 의무에 관한 사항
6. 민간임대주택의 수선 · 유지 및 보수에 관한 사항
7. 임대의무 기간 중 남아 있는 기간과 제45조에 따른 임대차 계약의 해제 · 해지 등에 관한 사항
8. 그 밖에 국토교통부령으로 정하는 사항

| 제4장 |

# 특약의 정밀 기술

# 01

# 특약을 우선 적용한다

계약서에서 특약은 정확하게 무엇을 말하는가? 법적 근거가 있는가? 부동산 계약(매매, 임대차)은 민법에서 정한 "전형계약"이다. "전형계약(典型契約)"이란, 법에서 일정한 요건과 규정을 두고 있다는 뜻이다. 전형계약을 전제로 계약을 체결하기 때문에 특약이 더욱 중요하게 사용된다. 부동산 계약에서 특약을 먼저 설명하는 이가 적지 않은 것도 이 때문이다.

일반적인 부동산 계약서는 당사자의 사정에 따라 별건으로 작성된 계약서가 아닌, 보편적인 양식을 사용하고 있다. 정해진 형식의 문장들로 당사자들의 특별한 사정과 요구를 담아내는 것이 쉽지 않다. 그래서 계약서 하단에 당사자의 세부적인 요구사항을 포함한 특약을 약정한다. 계약서의 일반조항에 명시되지 않은 내용들이 특약사항에 기재된다. 강행규정에 위배되거나 풍속을 해치지 않는다면 대부분의 특약은 당사자 간에 유효하고 구속력을 갖는다. 그렇다면, 일반조항과 특약이 상충되는 경우가 있다면 어떻게 될까? 계약서에 명시해주는 것이 좋다.

| 특약 우선 조항 |
| --- |
| 계약서의 일반조항과 특약사항이 서로 상충되는 경우 특약을 우선 적용한다. |

특약사항의 시작과 함께 특약이 우선 적용한다고 명시하게 되면, 이어지는 특약내용에서의 충돌과 오류를 쉽게 찾아낼 수 있다.

| 특약 충돌의 예시 |
| --- |
| ※ 임대차의 존속 기간 22. 1. 5.~24. 1. 4. (24개월)<br>특약 : 본 임대차의 존속 기간은 재개발에 따른 관리처분계획인가일까지로 한다. |

위의 특약으로 볼 때, 2년 경과 후 관리처분계획인가가 없는 경우 계약은 그대로 존속하는가의 문제가 남게 된다. 상충되는 특약을 임대인 또는 임차인이 계약 당시에는 큰 의미로 받아들이고 있지 않다가, 시간이 지나면서 각자의 유리한 방식으로 해석하게 된다. 관리처분인가가 순조롭게 1년 안에 이루어진다면, 임대인은 임차인과의 계약 종료를 원할 것이다. 반대로 관리처분인가가 2년이 지나도록 하세월이라면, 임차인은 이사를 가야 하는데 임대인에게 계약 해지를 요구할 수도 없을 것이다.

특약과 일반조항이 상호 충돌될 때는 특약이 우선한다는 것을 거래당사자에게 알리고 특약에도 함께 표현해주는 것이 바람직하다. 특약을 우선 적용한다는 특약이 없더라도 일반적으로 특약사항이 우선한다고 보는 것이 합리적이다. 개별약정이 우선한다고 보는 것이 일반적이다. 하지만 특약은 분쟁을 예방하고자 당사자 서로에게 구속력을 가지게 하는 것이다. 분쟁을 예방하기 위한 첫 단추가 특약 우선을 명시한 것이 된다. 가장 기본, 0번으로 하자!

# 02

# 임대차 목적물의 사용 용도

    내가 생각하는 임대차 계약의 특약에서 가장 중요한 것은 임대차 목적물의 용도이다. 실무에서 많은 공인중개사가 임대차 목적물의 사용 용도를 기재하지 않는다. 간과한다. 실제로 용도를 기재했다면 상당수의 분쟁 예방이 가능하다. 임대차 계약은 금전을 지급하고 부동산을 사용하는 것이다. 어떻게 사용할지에 대한 명시는 계약서에 없다. 그러므로 반드시 특약사항 1번으로 작성하여야 한다.

| 임대차 목적물의 용도 |
|---|
| 1. 임대차 목적물의 사용 용도는 업무용이다. (오피스텔) |
| 2. 임대차 주택의 사용 용도는 주거용이다. (주택) |
| 3. 임대차 목적물의 사용 용도는 학원 및 독서실이다. 임차인은 용도에 따라 사용하여야 하며, 명시된 용도 이외의 다른 용도로 사용할 경우 임대인의 서면동의를 얻어야 한다. 이때, 건축물의 용도변경이 필요한 경우 임대인의 동의 여부에 따라 협력을 제공한다. |

몇 년 전, 서울 동작구 대방동 우주마루 아파트(공군 관사)를 "에어비앤비"에 등록하여 숙박영업을 한 공군 장교가 보도된 적이 있었다. 주택으로 임대차하여 "에어비앤비" 영업행위를 우리 주변에서 쉽게 볼 수 있다. 새로운 창조경제의 영역인 양, 이렇게 에어비앤비를 운영하면 돈을 번다고 유튜브에 떠들고 있다. 물론, 임대인의 동의를 받은 경우도 있겠지만, 많은 임대인은 영업행위에 주택이 이용되는지 모르는 경우가 많다.

최근 주택을 임대차하여 스튜디오, 파티룸으로 사업을 한 임차인이 문제가 되었다. 영업행위로 이웃집에 피해를 주었다. 내부 인테리어를 하면서, 다수의 못자국(콘크리트 타카)으로 벽체가 심각하게 훼손되었다. 임차인은 원상복구의 개념을 임대인과 다르게 생각하고 벽면을 복구하지 않은 채 그대로 노출시키면서 원상복구의 완료를 주장했다. 용도 이외의 사용으로 시설을 심각하게 훼손하고, 원상복구를 제대로 하지 않아 피해를 주고 있으면서 자신은 잘못 없다는 태도를 보인다.

학원 건물을 운영하려는 임대인이 있었다. 임차인의 학원으로 임대차하여 영업하던 중, 학원생이 줄어들어 학원 운영을 중단하게 되었다. 이후, 학원 운영을 그만두고 학습지의 영업사무실로 건물을 사용하려고 하였다. 하지만 임대인으로서는 다른 학원의 면학 분위기를 저해한다고 판단하였다. 만약 용도에 따른 특약이 없는 경우, 임대인의 재산권 행사에 영향을 줄 수 있게 된다. 쉽게 말해, "건물주가 왜 간

섭이냐, 내가 월세 내고 쓰는 건물인데!"와 같은 상황이 될 수 있다. 특약에서 사용 용도를 명시하는 것. 임대차 목적물을 보호하기 위한 첫 단추가 될 것이다.

# 03

# 오피스텔 전입 금지조항

| 상가 · 업무용 오피스텔의 주거금지 특약 |
|---|
| ※ 임대차 계약서의 제목에 있어서 "오피스텔" 또는 "업무용" 임대차 계약서를 사용하며, 확인설명서 역시 비주거용 확인설명서를 사용하여야 한다.<br>1. 임대차 목적물의 사용 용도는 업무용이며, 주거용으로 사용할 수 없다.<br>2. 임차인은 사업자등록증 사본을 임대인에게 제공하고, 차임의 부가가치세는 별도로 한다.<br>3. 임대차 계약에 명시되지 않는 사항은 상가건물 임대차보호법 및 상업용 부동산의 계약 관례를 따른다.<br>4. 임차인이 임대차의 용도 외의 목적으로 사용하여 임대인에게 부과되는 조세는 임차인이 부담하여 납부한다. 임대인에게 부가되어 임차인에게 전가될 수 있는 조세의 항목은 해당 부동산의 부가가치세 및 취득세(중과분 포함), 임대인의 부동산 보유세의 증액분, 임대인의 부동산 양도소득세의 증액분, 임대인의 종합부동산세의 증액분 등이 있다. |

우선, 이 특약은 실제로 주택 용도로 사용하는 오피스텔의 편법 용도로 사용될 수 없는 특약임을 밝혀둔다. 실제로 업무용 오피스텔 임대사업자를 보호하기 위한 특약이다. 실제 상가임대사업자를 보호하기 위한 특약으로 보는 것이 바람직하다.

## 서울중앙지방법원 2015. 4. 10. 선고 2014가단45902
## 판결 요약

서울중앙지방법원은 오피스텔을 업무용으로 쓰기로 해놓고 주거용으로 사용해 세금을 물게 됐으니 2,540만 원을 배상하라는 소송에서 임대인에게 패소 판결을 했다. "임대차 계약서 용도란의 기재는 건축법상 오피스텔 용도가 업무시설로 분류된다는 걸 표시한 것이지 오피스텔의 사용방법을 제한한 약정으로 볼 수 없다"라고 밝혔다. 임대인이 주거용으로 임대를 하는 중 세금을 피하기 위한 약정에 불과하다는 것이다.

임차인이 전입신고를 하지 않는다는 위 특약은 이 사건 오피스텔이 주거용으로 사용되는 것을 전제로 전입신고를 할 경우 발생할 문제에 대한 대비책으로 보여졌다. 이 사건은 오피스텔을 애초에 업무용으로만 사용하기로 하였다면 임차인이 사업자등록을 할 것이라는 점은 당연히 예상되므로, 임차인이 사업자등록 시 임대인과 협의하여 등록한다는 특약을 할 이유가 없다는 것이다. 앞서 인정된 사실 및 원고가 제출한 증거들만으로는 원고와 피고들 사이에 이 사건 오피스텔을 업무용으로만 사용하기로 하는 약정이 있었다는 사실을 인정하기 부족하였다.

이 판결과 특약에 대해 이견이 분분할 수 있다. 이러한 문제는 비단 오피스텔만의 문제는 아니다. 1주택과 1상가를 보유하고 있는 부부가 있다고 하자. 1주택은 20년째 거주 중이다. 매입 당시 5억이었지만,

현재는 약 20억이 되었다. 당연히 1주택으로 양도소득세가 없다고 생각하고 매매하였다. 1세대 1주택 2년 보유의 비과세 특례가 적용되는 것으로 알고, 매매 후 소유권이전 등기까지 마쳤다.

그런데, 어느 날 갑자기 양도세 폭탄 고지서가 날아왔다. 보유하고 있던 1상가가 문제였다. 50평 남짓의 식당 건물인데, 임차인이 가게 안쪽에 방을 만들어 살고 있었다. 임차인이 숙식하며 전입신고까지 마친 것. 세무서는 상가 임차인이 전입신고를 한 것으로 파악하고 주택으로 간주해 양도소득세 고지서를 발송한 것이다. 임대인이 상가건물을 영업용으로 임대하였더라도 임차인이 건물 일부를 주택으로 사용하고 주민등록 전입신고까지 했다면 주택으로 인정되는 것이다.

최근까지의 판례는 임대인에게 불리한 판례가 많다. 하지만 이후에 이러한 분쟁이 다시 발생하지 않는다는 보장이 없다. 틀림없이 유사한 분쟁으로 누군가 고초를 겪을 것이다. 내가 가진 오피스텔, 상가가 주택으로 간주되어 불합리한 세금이 부과되지 않게 관리를 할 필요가 있으므로 위와 같은 특약을 사용할 필요가 있다.

5월에는 내가 소유한 건물의 전입세대 열람을 확인해보자. 나의 동의 없이 내 건물에 전입신고를 한 사람이 있을 수 있다. 재산세가 부과되는 시점은 6월 1일이기 때문에 잘못된 전입신고를 바로잡기 위해서 5월을 놓쳐서는 안 된다. 내가 소유한 오피스텔과 상가건물의 구조가 주거에 적합한 구조라면 더욱 신경을 써야 할 것이다.

**대법원 2023. 11. 16. 선고 2023두47435 판결**

[재산세부과처분취소]

구 지방세법 시행령(2021. 12. 31. 대통령령 제32293호로 개정되기 전의 것) 제119조는 "재산세의 과세 대상물건이 공부상 등재 현황과 사실상의 현황이 다른 경우에는 사실상 현황에 따라 재산세를 부과한다"고 규정하였으므로, 재산세 과세 대상인 "주택"에 해당하는지 여부는 특별한 사정이 없는 한 공부상의 용도에 관계 없이 재산세 과세기준일 현재 사실상 주거용으로 사용되는지를 기준으로 판단함이 타당하다.

# 04
# 단기임대차

임차인이 퇴거하고 우리 가족이 이사하기로 했다. 6개월 정도 시간이 남아 있는 상황이다. 3~4개월이라도 거주할 임차인이 있으면 좋겠는데, 새로운 임차인이 계약갱신을 요구하는 상황이 우려스러워 세를 받는 것이 부담스럽다.

> **특약 예시**
>
> 1. 본 계약은 일시사용을 위한 임대차 계약으로 주택임대차보호법 제11조에 해당하는 계약이다. 임대인은 임차인에게 ○○년 ○○월 주택 입주 예정임을 계약 체결 전에 고지하였다.

민법과 주택임대차보호법에서, 단기임대차의 경우 임대인의 부담을 완화하여 준다. 특히 계약갱신청구권, 임차인의 매수청구권 등에서 임대인의 권리를 주장할 수 있게 된다. **판례에서는 6개월 이하의 임대차 계약에서 단서 조항을 함께 검토하여 일시사용을 인정하고 있다.**

대구고법 2015나24103 판결은 2차례 갱신된 임대차가 만료된 후, 2개월짜리 임차계약을 체결한 사안에서, 기간이 2개월로서 단기인 점, 보증금이 소액인 점, 임대인이 입찰 공고를 낸 점 등을 감안하여 일시사용을 위한 임대차임을 인정하였다.

수원지법 2011가단32279 판결은 임대차 기간이 4개월이고, 임대차 기간 4개월 동안의 차임을 일시에 지불하였고, 계약 당시에 기간이 종료되면 조건 없이 인도해주기로 한 특약사항까지 있는 경우에는 일시사용임이 명백한 임대차 계약에 해당하여 상가건물 임대차보호법의 갱신요구권이 인정되지 않는다고 판결하였다.

인천지법 2015가단242732 판결은 임차 기간을 6개월, 보증금 300만 원, 월세 130만 원을 6개월 치 전액 선지급한 사안에서 이를 일시사용 임대차로 판시하였다. 임차인은 계약만료 1개월 전까지 재계약을 하지 않았고, 임대인은 보증금 2,000만 원에 월 차임 120만 원으로 재계약을 하자고 요청하였다. 그러자 임차인은 보증금은 올려줄 수 없고, 월 차임을 후불로 지급하겠다고 답변하였다.

이에 임대인은 임차인의 요구에 응하지 않고, 계약이 종료된다는 내용과 계약연장을 위해서 보증금 증액에 관한 내용을 문자메시지로 발송하였다. 기간만료 후 월 차임이 연체되자 임대인이 임차인에게 명도소송을 제기하였다. 판결에서는 3개월의 차임도 담보하지 못할 정도의 소액을 보증금으로 계약한 점 등에 따라 일시사용을 하기 위한 임대차임이 명백한 경우에 해당한다고 인정하였다.

| 민법 제653조(일시사용을 위한 임대차의 특례) |
|---|
| **제653조(일시사용을 위한 임대차의 특례)**<br>제628조(차임증감청구권), 제638조(해지 통고의 전차인에 대한 통지), 제640조(차임연체와 해지), 제646조 내지 제648조(임차인, 전차인의 부속물매수청구권, 부속물, 과실 등에 대한 법정질권), 제650조(건물의 법정질권) 및 전조(강행규정)의 규정은 일시사용을 하기 위한 임대차 또는 전대차인 것이 명백한 경우에는 적용하지 아니한다. |

| 주택임대차보호법 제11조, 상가건물임대차보호법 제16조(일시사용을 위한 임대차) |
|---|
| **제11조, 제16조(일시사용을 위한 임대차)**<br>이 법은 일시사용을 하기 위한 임대차임이 명백한 경우에는 적용하지 아니한다. |

# 05

# 렌트프리 특약

렌트프리 특약은 임대차 계약에서 임대인이 임차인에게 특정 기간 차임(임대료)을 면제해주는 조건을 말한다. 상가를 다루다 보면, 렌트프리는 약방의 감초처럼 따라다니게 된다. 임차인으로서는 사업 초기의 비용을 절감할 수 있다. 임대인으로서는 초기의 공실을 해소하고, 차임을 높여 건물의 수익률을 높이는 효과를 가져온다.

---

**렌트프리 특약**

**임대인은 임차인의 임대차 초기 사업 운영 여건을 고려하여, 임대차 최초 6개월(24. 7. 1.~24. 12. 31.)의 차임을 무상으로 제공한다.**
1-1. 임대인은 임차인의 임대차 초기 사업 운영 여건을 고려하여, 임대차 개시 3개월(24. 7. 1.~24. 9. 30.)의 차임을 무상으로 제공한다. 단, 임차인이 계약 기간의 만료 이전 계약을 종료하게 되는 경우, 개시 3개월의 차임 무상제공의 혜택을 반납하고 차임을 납부하여야 한다.
1-2. 임대인은 임차인의 임대차 초기 사업 운영 여건을 고려하여, 임대차 개시 6개월(24. 7. 1.~24. 12. 31.)의 차임을 무상으로 제공한다. 단, 임차인이 계약 기간의 만료 이전 계약을 종료하게 되는 경우, 개시 3개월의 차임 무상제공의 혜택을 반납하고 차임을 납부하여야 한다.
※ 임대차의 존속 기간 : 24. 7. 1.~26. 12. 31, 30개월

렌트프리에 대한 적절한 협의는 상가임대차 계약을 매끄럽게 진행해주는 촉매 역할을 한다. 하지만 서투르게 적용했다가는 분쟁의 씨앗이 될 수 있다. 보증금 2,000만 원, 월세 300만 원에 2년 임대차 계약을 맺고, 랜트프리를 6개월을 부여하기로 했다. 무슨 렌트프리가 6개월씩이나 되냐고 반문할 수 있겠지만, 실제로 1년 이상 방치되고 있는 공실 상가의 경우 임대인에게는 관리비도 큰 부담이 된다. 6개월 이상 렌트프리로 거래되는 경우가 심심치 않게 발생한다.

그런데 문제가 생겼다. 임차인은 식당 영업을 하면서 렌트프리 6개월을 보내고, 차임을 계속 연체하고 있다. 임대인은 임차인이 3개월치의 차임을 연체하자 계약 해지 통보를 하였다. 그러자 임차인은 기분 좋게, 보증금에서 남은 차임 1,100만 원을 반환해 달라고 청구하였다. 어차피 식당의 집기와 시설은 이전에 영업하던 임차인이 버리고 간 것을 임대인이 그대로 둔 것이고, 그대로 사용하기로 협의가 되었던 것. 임대인은 900만 원 받고, 9개월 동안 상가를 임대한 것이었다. 정상 차임이라면 2,700만 원 수준의 차임을 받아야 하지만, 렌트프리 조항을 잘 사용하지 못해서 벌어진 촌극이었다.

그래서, 계약 기간을 다 채우지 못하고 계약을 종료하게 될 때는 무상으로 받았던 차임을 다시 납부하도록 하는 특약이 필요하다. 이렇게 낭패를 본 임대인은 다시는 그 공인중개사와 거래를 하지 않으려고 할 것이다. 계약서의 특약에 대한 설명을 제대로 하지 않았다고 중개사를 상대로 손해배상을 청구할 수도 있다. 중개사는 손해배상책임을 일부 피할 수 있겠지만, 도의적인 책임과 지역 부동산 시장에서 안 좋은 이미지만 남게 된다.

렌트프리를 적용하면서, 임대차의 기간도 고려요소가 된다. 렌트프리를 6개월 적용하기로 합의하고 계약 기간을 24개월만 정하였다면, 임대인은 24개월 이후에 또다시 임차인을 구해야 하는 부담이 생길 수 있다. 렌트프리를 효율적으로 적용하고 협의하기 위해서, 충분한 보증금이 필요하다. 아울러 적절한 계약 기간을 다 채우지 못할 때 렌트프리를 환수하는 조치도 필요하다. 충분히 여유 있는 계약 기간을 두어 임대인을 보호하려는 조치가 필요하다.

공인중개사는 계약을 적절히 중재하는 역할을 하여야 한다. 렌트프리에 대해서 여러 가지 상황을 잘 이해하고 적용함으로써, 임대인과 임차인을 모두 보호하고, 불필요한 분쟁에 휘말리지 않을 수 있다.

# 06
# 중도금 이후 인테리어 착수조항

> **중도금 이후 인테리어 착수조항**(문제 예시)
> 1. 임대인은 임차인이 중도금 지불 후, 인테리어 공사에 조기 착수하는 것에 동의한다. 단, 인테리어 착수일부터 관리비를 부담하고, 차임은 임대차 개시일을 기준으로 부담하기로 한다.
> 2. 건축물의 용도변경(의원 → 병원)은 임대인의 책임으로 잔금일 이전까지 완료하기로 한다.

병원을 운영하는 원장님의 이야기이다. 한 달 월세가 1,000만 원이니, 차일피일 미루게 되면 수백만 원의 손실이 있다. 보증금 1억 원 중, 계약금 1,000만 원으로 계약을 하고, 중도금 5,000만 원을 일주일 후에 송금하고 인테리어 공사에 착수했다. 그런데, 임대인이 진행하던 용도변경에 문제가 생겼다. 주차시설이 부족해서 타 전유부의 용도를 바꾸지 않으면 의원에서 병원으로 용도변경이 불가한 상황이다. 임대인은 쉽게 결정을 내리지 못하고 차일피일 미루고만 있다.

원장님은 벌써 인테리어 비용으로 2억 원을 지출했다. 병원으로의 용도변경이 안 되었다고 가정하자. 병원의 원장님은 임대인에게 계약해지를 통보하고 손해배상을 청구할 수 있을까? 손해배상액은 얼마로 인정이 될까? 여기서 우리는 계약서의 단서 조항과 민법을 다시 한번 살펴보아야 한다. 계약서의 제7조 채무불이행과 손해배상에서 다룬 내용이다. 한 번 더 살펴보자.

---

**임대차 계약서 제7조(채무불이행과 손해배상의 예정)**
**민법 제398조(배상액의 예정)**

**제7조(채무불이행과 손해배상의 예정)**
매도인(임대인) 또는 매수인(임차인)은 본 계약상의 내용에 대하여 불이행이 있을 경우, 그 상대방은 불이행한 자에 대하여 서면으로 최고하고 계약을 해제할 수 있다. 이 경우 계약당사자는 계약해제에 따른 손해배상을 각각 상대방에게 청구할 수 있으며, 손해배상에 대하여 별도의 약정이 없는 한 계약금을 손해배상의 기준으로 본다.

**제398조(배상액의 예정)**
① 당사자는 채무불이행에 관한 손해배상액을 예정할 수 있다.
② 손해배상의 예정액이 부당히 과다한 경우에는 법원은 적당히 감액할 수 있다.
③ 손해배상액의 예정은 이행의 청구나 계약의 해제에 영향을 미치지 아니한다.
**④ 위약금의 약정은 손해배상액의 예정으로 추정한다.**
⑤ 당사자가 금전이 아닌 것으로써 손해의 배상에 충당할 것을 예정한 경우에도 전4항의 규정을 준용한다.

---

위의 상황에서는 손해배상의 예정액이 1,000만 원에 불과하다. 병원을 개원하지 못하는 상황이라면 인테리어 비용의 전액 손실이 있을 수밖에 없다. 이러한 상황이 생기는 것은 2번의 특약이 선결과제이고, 1번의 특약이 후행되어야 하는데, 마음이 급한 거래당사자와 공인중개사가 이를 간과한 것이다. 법원에서는 당사자 간의 배상액을 "감액"할 수 있어도, 증액할 수 없다는 것이 일관된 견해이다. 그렇다면

어떻게 특약을 정하는 것이 좋을까?

> **중도금 이후 인테리어 착수조항**(개선 예시)
>
> 1. 임대인은 임차인이 **중도금 지불 및 병원으로 용도변경의 완료 후**, 인테리어 공사에 조기 착수하는 것에 동의한다. 단, 인테리어 착수일부터 관리비를 부담하고, 차임은 임대차 개시일을 기준으로 부담하기로 한다.
> 2. 건축물의 용도변경(의원 → 병원)은 임대인의 책임으로 잔금일 이전까지 완료하기로 한다.
> 3. 본 계약서 제7조에도 불구하고, 채무불이행에 따른 **손해배상액은 입증 가능한 실제 손해액을 기준으로 보상한다.**

흔히, 약속을 어겼으면, 약속을 어긴 사람이 책임져야 한다고 생각한다. 하지만, 그 책임의 범위에 당사자의 예정이 있었다면, 그 예정까지만 책임을 지게 된다. 상대방의 채무불이행에 대비하여, 예정의 범위 내에서 활동 가능하다는 뜻이다. 무턱대고 큰 비용을 지출하여, 상대방의 예정된 책임을 넘어서는 부담을 안아서는 안 된다. 만약, 거래와 금전 지출의 부담이 있는 경우라면, 손해배상의 예정을 하지 않거나, 충분한 금액의 손해배상액을 예정할 필요가 있다.

# 07

# 반려동물

최근 반려동물을 키우는 가정이 많다. 2023 한국반려동물보고서(KB금융지주 경영연구소)에 따르면 국내 552만 가구, 1,262만 명이 반려동물을 양육하고 있다. 임차주택에서 반려동물을 키우면서 생기는 문제는 시설물의 훼손, 이웃 간의 소음 피해 등이 있다. 이러한 분쟁을 미리 방지하고자 반려동물을 키울 수 없다는 단서 조항을 원하는 임대인이 많다. 반려동물을 키우기 원하는 임차인도 많다. 서로 다른 입장을 잘 정리해줄 특약이 필요하다.

> **특약 예시**
>
> ① (특약에 적용하지 않음)
> ② 반려동물을 키울 수 없다. 반려동물 금지
> ③ 반려동물을 양육하여 생기는 시설물의 훼손, 오염, 소음, 냄새 등의 피해 발생 시, 임차인의 책임으로 훼손, 오염을 원상복구(수리비, 청소비 등)하고 피해를 보상한다. 이웃 간의 소음 피해 등의 시정요구가 있으면 적극적으로 피해를 해소하여야 한다. 동일 시정요구가 3회 이상 있었음에도 피해가 지속될 경우, 임대인은 임대차 계약을 해지할 수 있고, 임차인은 임대차 목적물을 원상회복하여 임대인에게 반환하기로 한다.

원천적으로 반려동물에 대해서 임차인이 임대인에게 사전 고지할 의무가 없다. 임대인은 세입자가 사전 동의 없이 몰래 반려동물을 데려와서 키운다고 한다. 하지만 반려동물을 양육하는 것으로 임대차 목적을 위반한다고 보지 않는다. 임차인이 반려동물의 양육을 사전 고지하지 않았다는 이유로 계약을 해지한 임대인은 법원에서 계약금의 30%를 배상하라는 판결을 받았다.

**서울중앙지방법원 2018. 5. 30. 선고 2017나63995 판결**
**계약금 반환청구의 소 참조**

① 반려동물에 대한 특약의 명시가 없는 경우, 임차인은 반려동물을 양육할 수 있다. 임대인의 요청이 있었음에도 공인중개사의 부주의로 인해서 반려동물 특약이 누락되었다면, 애매한 분쟁의 씨앗이 된다. 그래서 많은 공인중개사가 임대차 계약서의 반려동물 금지조항을 기본값으로 적용하고 있다.

반려동물 양육에 있어서 시설물의 훼손은 퇴거 시에 나타난다. 벽지, 문틀, 싱크대 등의 훼손이 심각하여 교체해야 하는 경우도 있다. 임차인의 안일한 대처는 분쟁의 씨앗이 된다. 눈에 띄는 훼손 이외의 사소한 훼손에 대한 처리 여부가 갈등으로 남게 된다. 특약에 없더라도 원상회복의 대상이다.

반려동물을 제대로 관리하지 않게 되면, 이웃에 피해를 주게 된다. 직접적인 불편을 겪는 이웃, 주민의 소음 피해 호소를 들어주는 임대인과 공인중개사 역시 스트레스를 받는 피해자가 된다. 이웃 간의 소음 갈등을 원만히 중재하기는 쉽지 않다. 실제로, 공인중개사가 이웃 간의 소음 갈등을 중재할 권한도 없고, 괜한 다툼에 끼게 되는 경우가 많다. 이러한 호소는 적당히 거리를 두고, 당사자 간의 해결을 기다리는 것이 바람직하다고 할 수 있다. 대부분 임대인은 ② 반려동물 금지 조항을 원하고, 반려동물을 양육하지 않은 임차인을 흔쾌히 받아들인다.

③ 시설물의 훼손이나 오염, 이웃 간 분쟁에 대하여, 전적으로 임차인이 책임을 진다는 의미의 특약이다. 다소 강하게 표현되어 있다. 국토교통부의 주택임대차 분쟁사례집에서는 반려동물 금지특약은 위반 시 계약 해지가 가능하다는 입장이다.

---

**민법, 제3편 채권, 제5장 불법행위, 제654조(준용규정)**

**제759조(동물의 점유자의 책임)**
① 동물의 점유자는 그 동물이 타인에게 가한 손해를 배상할 책임이 있다. 그러나 동물의 종류와 성질에 따라 그 보관에 상당한 주의를 해태하지 아니한 때에는 그러하지 아니하다.
② 점유자에 갈음하여 동물을 보관한 자도 전항의 책임이 있다.

# 08
# 상당한 보상 및 보상의 약정

| 상가건물임대차보호법 제10조(계약갱신 요구 등) |
|---|
| ① (계약갱신 요구를 거절할 수 있는 정당한 사유)<br>3. 서로 합의하여 임대인이 임차인에게 **상당한 보상**을 제공한 경우 |
| **대구지방법원 2021가단146666 건물인도 중 당사자의 특약** |
| 1. **재건축이나 재개발** 사업이 진행될 때에는 건물주로부터 보증금 1억 5,000만 원 및 이주비(사업비) 4,000만 원을 받기로 하며 명도와 동시에 보증금 및 이주비(사업비)를 지불하기로 한다.<br>2. 재건축이나 재개발 시행이 불가능할 때는 이주비(사업비)는 없었던 것으로 하며, 임대인과 임차인 공히 3개월 전에는 계약의 존속을 의사표시하며 계약만료 시 보증금은 반환한다. |

위의 판례에서는 임차인의 양수비용으로 5,500만 원을 지불하였고, 그로부터 7년이 경과하여 감가상각, 경제상황을 고려할 때, 보상으로 4,000만 원을 지급하기로 한 약정은 "상당한 보상을 제공한 경우"에 해당한다고 보았다. 이에 반하는 피고의 계약갱신요구권 행사로 인한 임대차 계약 존속의 주장은 이유가 없다고 보았다.

| 생각해보아야 할 특약 예시 |
|---|

1. 임차건물의 매매가 이루어지고 새로운 소유자가 명도를 요구할 경우 이에 응하여야 한다.
1-1. 임대인은 임차인의 사업(주거) 이전의 상당한 필요비용으로 5,000만 원(이사비 및 권리금을 포함함)을 지급하기로 한다.

| 주택/상가건물 임대차보호법 제3조(대항력 등) |
|---|

제3조(대항력 등)
④, ② 임차건물의 양수인(그 밖에 임대할 권리를 승계한 자를 포함한다)은 임대인의 지위를 승계한 것으로 본다.

1번, 1-1번의 경우, 매끄럽지 못한 표현으로 인해 새 주인의 요구에 따라 비워달라는 의미로 해석될 수 있다. 해지권의 보유 및 행사가 아닌, 양수인의 해지 요구로 해석된다는 뜻이다. 임차목적물의 소유권 변동이 계약의 중도 해지의 사유가 되기에는 부족할 수 있다. 물론 때에 따라 투박한 문장 자체를 곱씹으면, "권리와 의무를 승계한 양수인으로서의 임대인은 해지권을 보유한다"라는 의미로 착하게 해석할 수도 있다. 하지만, 보는 사람에 따라 다르게 해석되는 특약은 분쟁을 유발하게 된다.

| 특약 예시 |
|---|

1. 임대인은 임대차 기간 중이라도, 계약을 해지할 수 있는 해지권을 보유한다. 해지권 행사 시, 임대인은 임차인의 사업(주거) 이전의 상당한 필요비용으로 5,000만 원(이사비 및 권리금 등을 포함함)을 지급하기로 한다. 해지권의 행사는 임차인에게 서면으로 의사를 표시하고, 임차인이 통지를 받은 날부터 3개월 후에 임대차를 종료하는 것으로 한다. 다만, 임차인이 새로운 임대인(소유권 양수인)과 임대차 계약을 체결하여 사업을 유지하거나 집기와 시설 등의 양도양수를 통해 사업을 이전하는 경우, 사업 이전 비용(5,000만 원)을 지급하지 아니할 수 있다.

조금 복잡하게 느낄 수 있을 것이다. 특약 예시에서 가장 중점적으로 다룬 내용은 임대인의 해지권이다. 해지권의 행사와 행사방법, 해지의 효과 발생에 대하여 다루었다. 아울러 해지권을 사용하지 않는 경우를 대비하여, 새로운 임대차 계약, 양도양수 시의 보상약정에 대한 추가 언급을 하였다. 만약 새로운 임대인이 차임의 증액을 요구하여 임대차 유지가 되지 않는 경우, 미리 약정한 사업 이전 비용을 받고 계약을 종료하면 되고, 차임의 증액요구가 20~30만 원 정도의 감당할 수 있는 범위라면, 이전의 임대인에게 사정을 설명하고, 사업 이전 비용 5,000만 원 전액이 아닌 일부 1,000~2,000만 원 정도의 비용을 보전받고 새로운 임대인과 임대차 계약을 맺는 방법도 있을 것이다.

이 정도의 이해관계를 이해하고 특약으로 능숙하게 다룰 수 있는 공인중개사라면 대부분 상황에 균형 있는 특약을 작성할 것이다. 해지권 행사 시에 상당한 보상비용을 지급하는 것은 임대차보호법에서는 계약갱신을 거절할 수 있는 사유로 "상당한 보상"을 지급한 경우를 빌려서 사용했다.

### 서울중앙지방법원 2005. 12. 29 선고
### 2005가단234519 판결 ☞ 약정 유효 취지

임대인이 사건 점포의 반환을 요구하는 근거가 이 사건 임대차 계약 기간 만료에 기한 것이 아니라, 이 사건 임대차 계약상 보류되었던 해지권의 행사에 기한 것이므로, 임차인의 계약갱신요구권을 규정한 상가건물 임대차보호법 제10조 제1항(계약갱신요구를 거절할 수 있는 정당한 사유)은 이 사안에 적용될 성질의 것이 아니라 할 것이다(당사자 간의 해지권 보류 특약이 상가건물 임대차보호법 제15조에 의하여 무효라고 볼 것도 아니다).

## 서울중앙지방법원 2023. 12. 8. 선고 2021가단5339273
### 건물인도 ☞ 약정 무효 취지

상가임대차법은 상가건물의 임대차에서 고액의 임대료 인상, 임대차 기간의 불안정, 보증금의 미반환 등으로 어려움을 겪는 상가 임차인들을 보호할 필요가 있다는 사회적 공감대의 형성에 따라 2001. 12. 29. 법률 제6542호로 제정되었다. 상가 임차인의 영업활동과 투자는 임차 상가에 투여되거나 그와 밀접하게 결부되어 행해지므로 상가 임차인의 영업적 권리와 이익은 임대인의 계약 해지 및 갱신 거절에 의해 침해될 수 있을 뿐 아니라, 그러한 사정 자체가 임대인과의 관계에 있어서 임차인의 교섭상의 지위를 약화하는 조건이 된다.

그리고 계약의 갱신 교섭에 있어서 임차인의 불리한 지위는, 상가건물 임대차 관계의 불공정을 가져올 위험이 있을 뿐 아니라, 상가 임차인의 경제활동을 위축시키고, 나아가 국민경제의 균형발전에 장애가 될 수도 있다. 이러한 점을 고려하여 임차인의 교섭 지위를 규범적으로 강화함으로써 실질적 계약 자유 내지 사적 자치실현의 전제조건을 확보하고, 공정한 계약의 형성 내지 법적 정의의 실현을 담보하고자 하는 것 역시 상가임대차법의 주요한 입법목적이다(헌법재판소 2014. 3. 27. 선고 2013헌바198 전원재판부).

이에 따라 상가임대차법 전체 규정에 위반된 약정으로서 임차인에게 불리한 것은 그 효력이 없다고 하여 상가임대차법 자체를 강행규정으로 정하고 있는데(상가임대차법 제15조), 특히 기간을 정하지 아니하거나 기간을 1년 미만으로 정한 임대차는 그 기간을 1년으로 보고, 다만 임차인은 1년 미만으로 정한 기간이 유효함을 주장할 수 있고(상가임대차법 제9조 제1항), 임대인은 임차인이 임대차 기간이 만료되기 6개월 전부터 1개월 전까지 사이에 계약갱신을 요구할 경우 정당한 사유 없이 거절하지 못하며(상가임대차법 제10조 제1항 본문), 임차인의 계약갱신요구권은 최초의 임대차 기간을 포함한 전체 임대차 기간이 10년을 초과하지 아니하는 범위에서만 행사할 수 있고(상가임대차법 제10조 제2항), 임대인은 임대차 기간이 끝나기 6개월 전부터 임대차 종료 시까지 권리금 계약에 따라 임차인이 주선한 신규임차인이 되려는 자로부터 권리금을 받는 것을 방해하여서는 아니 된다(상가임대차법 제10조의4 제1항)고 정하고 있다.

이러한 법의 규정 취지에 비추어 이 사건 특약의 효력에 관하여 보건대, 앞서 든 증거들에 변론 전체의 취지를 종합하여 인정되는 다음과 같은 사정들 즉, ① 피고로서는 이 사건 임대차 계약 체결 당시 시행된 상가임대차법 규정에 따라 최장 10년의 범위에서 계약갱신청구권을 보유하고 있었을 뿐만 아니라, 임대차 기간이 끝나기 6개월 전부터 임대차 종료 시까지 권리금 회수 기회를 보장받을 권리를 가지고 있었는데, 이 사건 특약으로 인하여 그러한 권리를 잃게 되는 점 ② 상가임대차법에 따르면 기간을 1년 미만으로 정한 임대차는 그 기간을 1년으로 보고 임차인만이 1년 미만으로 정한 기간의 유효함을 주장할 수 있는데, 이 사건 특약에 의하여 임대인인 원고가 임의로 임대차기간을 1년보다 짧게 정할 수 있어서 위 법의 취지에 반하는 점 ③ 이 사건 특약은 임대인인 원고에게 해지권을 부여하는 약정이라 할 것인데, 이에 의하면 원고는 재건축허가 등에 따라 자동해지가 되거나 아무런 행사 시기의 제한 없이 언제든지 해지 통보를 할 수 있고, 피고는 그로부터 3개월 내에 임차목적물을 인도할 수밖에 없어 임차인의 지위를 현저하게 불안하게 하는 점 ④ 임대차 계약상 임차인의 지위에 있는 피고가 이 사건 특약을 거부하기는 어려웠을 것으로 보이는 점 등을 종합해보면, 이 사건 특약은 상가임대차법을 위반하여 무효라고 할 것이므로, 이를 전제로 한 원고의 주장은 나머지 점에 관하여 나아가 살필 필요 없이 이유 없다.

하급심의 판례는 다소 상반된 입장을 보인다. 아직도 논란의 여지가 있다. 일방적인 중도 해지의 약정은 바로 위의 판례처럼 무효로 판단될 수 있다. 그래서 특약을 적용할 때에는 임대인의 중도 해지권에 상응하는 임차인의 권리, 그에 합당한 보상의 제공 등 중도 해지 약정이 일방적으로 임차인에게 불리하지 않다는 점이 잘 표현되어야 할 필요가 있다.

# 09

# 단전 · 단수 특약

> **대법원 2007. 9. 20. 선고 2006도9157 판결 [업무방해 · 여신전문금융업법위반]**
>
> 호텔 내 주점의 임대인이 임차인의 차임연체를 이유로 계약서상 규정에 따라 위 주점에 대하여 단전 · 단수 조치를 취한 경우, 약정 기간이 만료되었고 임대차 보증금도 차임연체 등으로 공제되어 이미 남아 있지 않은 상태에서 예고한 후 단전 · 단수 조치를 하였다면 형법 제20조의 정당행위에 해당하지만, 약정 기간이 만료되지 않았고 임대차 보증금도 상당한 액수가 남아 있는 상태에서 계약 해지의 의사표시와 경고만을 한 후 단전 · 단수 조치를 하였다면 정당행위로 볼 수 없다고 한 사례이다.

앞의 판례를 읽어보면 단전, 단수 조치가 적법하기 위해서는 임대차 기간의 만료, 보증금의 부존재, 예고 조치라는 요건을 갖추어야 한다. 앞에서 말한 조건을 충족할 때, 임차인에게는 임대차에 관한 권리가 없고, 최후의 수단으로 단전 · 단수를 선택하는 경우를 정당하다고 해석하였다. 그 요건의 충족 여부는 사례마다 다를 것으로 보인다. 반대로, 임대인이 차임연체를 이유로 특약에 따라 단전 · 단수한 경우 업무방해죄가 성립되어 처벌을 받을 수 있다. 또 민사상의 손해배상책임도 부담하게 된다.

> **창원지방법원 2005. 2. 3. 선고 2003나6693(본소), 2003나6709(반소) 판결 [손해배상(기)]**
>
> **대법원 2006. 1. 27. 선고 2005다16591, 16607 판결 [손해배상(기)] [공2006. 3. 1. (245), 325]**
>
> 잔금을 완납하지 않고 인테리어 공사 및 학원영업을 개시한 임차인에게 임대인이 단전 조치를 통해 피해를 주었다. 추후 명도에 관한 협의를 이루었으나, 이에 반하여 명도하지 않고 계속 학원을 운영하자, 임대인이 건물의 공사를 개시하였고, 이로 인해 학원 운영이 곤란해진 임차인이 퇴거한 사례이다.

판결에서는 단전 조치, 공사에 따른 소음, 진동으로 인하여 학원의 강제적 운영 중단, 학생 학부모의 신용도가 하락, 이로 인한 재산적, 정신적 손해를 인정하고 임대인에게 위자료와 손해배상을 판결하였다. 2심 법원에서는 임차인의 휴업손해, 영업손해를 모두 인정하였지만, 대법원에서는 휴업손해의 범위까지만 임대인의 보상 범위로 보았다.

> **특약 적용 예시**
>
> 1. 임대인은 3개월 이상 차임이 연체되고, 3일 이상의 연락 시도에도 임차인과 연락이 두절된 경우, 안전 및 관리상의 이유로 단전·단수 조치를 취할 수 있다. 이때, 임차인이 거주가 확인되고, 차입납부 의사를 통지할 경우 단전·단수 조치를 해제하기로 한다.

# 10

# 조세전가 특약

    부동산거래를 하다 보면, 거래의 큰 걸림돌이 되는 것이 양도소득세이다. 매도인은 본인의 양도소득세에 대한 예상을 가지고 거래를 한다. 확정된 세액이 아니다. 거래의 당사자는 거래과정에서 발생하는 세금을 상대방에게 전가하거나, 본인의 세 부담을 최소한으로 협상하려 한다. 해당 부동산을 꼭 매입해야 하는 매수인이라면, 조세전가 특약이 있더라도 거래계약을 체결하는 경우가 있다. 이러한 과정에서 발생하는 몇 가지 특약이 있다.

---

**양도소득세 전가 특약**

1. 잔금 지급 시, 매도인에게 발생하는 소득세(양도소득세 및 지방소득세)를 매수인이 부담한다.
1-1. 매매계약서의 매매대금 작성 후 매도인의 양도소득세(지방소득세 포함)를 매수인이 별도로 추가 부담한다.
1-2. 매도인의 양도소득세(지방소득세 포함)를 매수인이 부담한다.

2. 매수인은 최대 ○억 원 한도 내에서 매수인의 양도소득세를 부담한다.

1번을 적용하면 잔금 지급 시에 양도소득세 및 지방소득세까지 이행 제공해야만 소유권이전 등기를 넘겨받을 수 있는 동시이행 관계가 된다(대판 92다56490, 94다27977).

1-1번을 적용하면, 매수인은 매도인 이름으로 법정신고 납부 기간 내에 양도소득세와 지방소득세를 매도인에게 지급하거나 자진신고 납부하여야 하고, 이를 이행하지 않으면 매도인은 매매계약을 해제할 수 있다(대판 93다19108, 90다카27471).

1-2, 2번을 적용하면, 단순한 특약 기재만으로 소유권이전 등기 서류 교부와 동시이행 관계에 있다고 할 수 없고, 소득세만 별도로 청구해야 한다(대판 92다56490, 94다27977).

조세의 전가 특약에 있어서 세액의 부담 범위는 매우 중요하다. 매수인 입장에서 양도소득세 등을 부담하기로 약정하였으나 그 부담세액이 계약 당시의 예상을 현저히 초과하고 만일 이러한 상황을 알았다면 계약을 하지 않았으리라고 인정되는 경우에는 계약내용의 중요 부분의 착오로 보아 매매계약을 취소할 수 있을 것이다(대판 93다24810).

양도소득세의 납부 주체에 대한 명시도 중요하다. 양도소득세 자진신고 납부를 매수인이 하기로 특약을 한 것이 아니라면 매도인이 자진신고 납부를 제대로 이행하지 아니하여 부과된 가산세는 매수인에게 청구할 수 없다(대판 90다카11278).

양도인은 매매대금을 모두 지급받을 때에 양도 시기가 되므로 이때를 기준으로 양도소득세 신고 납부를 하여야 하고(대판 94누8785), 양도소득세를 추가로 받으면 추가 지급받은 금액을 양도가액에 포함해서 수정신고를 해야 한다. 이를 이행하지 않으면 가산세를 부과 당하게 된다.

| 양도소득세 전가 후, 수정신고 (예시) | | |
|---|---|---|
| 계약 및 조치 내용 | 세무처리 | 세액 |
| 매매계약 10억 원<br>양도소득세 매수인 부담 약정 | 양도소득세 신고 납부 | 양도소득세액<br>2억 원 발생 |
| 매수인이 매도인에게<br>2억 원의 양도소득세를 지급 | | |
| 매매계약 12억 원에 거래된 것으로 봄 | 양도가액 수정신고 | 양도소득세 추가액<br>5,000만 원 발생 |
| 매수인이 매도인에게<br>5천만 원의 양도소득세를 지급 | 납부 완료 | |

우리 세법은 양도소득세의 전가 시 최초 발생하는 세액의 전가 부분을 매매가액으로 포함해 거래대금으로 본다. 두 번째 수정신고의 양도소득세 매수인 부담은 매매대금으로 보지 않는다. 위의 표처럼 매수인은 최초의 양도소득세 전가분 2억 원을 예상하다가, 수정신고를 하지 않고 추후에 발생하는 5,000만 원의 추가세액에 대한 가산세를 부담해야 하는 경우도 생긴다. 과거에는 세금을 탈루하고, 누락을 시킬 목적으로 뒷거래를 포함한 조세전가 특약을 사용한 사례가 많았다.

하지만 이제는 모든 자금이 추적 가능한 상황이라 조세전가 특약을 사용하는 경우가 현저히 줄어들었다. 하지만 지금도, 어려운 거래일수록 여러 가지 난해한 조건이 한두 가지가 아니다. 미리 이러한 특약의 내용을 알고 있다면 전문가로서 막힘없이 업무를 수행할 수 있을 것이다.

# 11

# 기업에서 사용하는 특약

공인중개사의 업무영역은 다양하다. 일반적인 주택, 상가의 중개 업무 이외의 영역도 매우 많다. 특히 기업용 부동산, 상업용 부동산은 경험을 두루 갖춘 공인중개사들이 활동하는 영역이다. 여기에서 사용하는 계약서의 여러 조항을 읽어보고 필요한 부분을 나의 임대차 계약에서 차용하자. 완벽한 계약서로 거래당사자 쌍방의 이해관계를 충족하고 거래의 안전을 보장하여야 한다. 그래야 제대로 된 중개보수를 요구할 수 있다.

---

**보증금 및 차임의 지급에 대하여**

① 잔금 지급일은 내장공사 착수일의 전일 또는 임대차 계약 기간의 개시일 중 먼저 도래하는 날로 한다. 임대차 계약 기간의 개시일보다 먼저 내장공사에 착수할 경우 전날까지 잔금을 지급하여야 한다.

② 임차인이 본 계약, 관리규약 기타 제반 법령 등에 따라 부담하는 임대료, 관리비, 기타 제비용, 손해배상채무 기타 본 계약에 따른 일체의 금전채무(이하 "임대료 등"이라 한다)를 지체하는 경우, 임대인은 별도의 사전 통지 없이 임차인이 지급을 지체한 금원 상당액을 임대인이 정한 순서대로 임대차 보증금에서 공제할 수 있다. 이 경우 임대인은 그와 같이 공제한

날로부터 14일 이내에 임차인에게 그 공제내역을 서면으로 통지하여야 하며, 임차인은 서면 통지 수령일로부터 14일 이내에 위 공제된 금액을 임대인에게 지급하여 임대차 보증금 부족분을 보충하여야 한다.
③ 임차인은 임대차 보증금의 지급으로 임대료, 관리비 기타 모든 비용의 지급을 대체할 수 없으며, 임대차 보증금 반환청구권을 임대인의 사전 서면동의 없이 또는 별도의 특약사항에 의하지 않고서는 타인에게 양도하거나 질권설정 기타 담보로 제공할 수 없다.
④ 임대차의 종료에 따라 임차인의 원상회복 및 목적물 반환 시, 영업신고증, 사업자등록증의 폐업 또는 이전에 대한 확인서면을 임대인에게 제시하고, 임대차 보증금을 반환하기로 한다.
⑤ 임차인이 임대인에게 납부하여야 할 모든 금액은 임대인이 특약사항에서 지정하는 지정계좌에 입금하여야 하며, 임차인이 임대인 또는 제3자 명의의 다른 계좌 또는 다른 방법으로 납부한 경우에는 납부의 효력을 주장할 수 없다.
⑥ 임차인은 임대차 계약 기간 동안(단, 임차인이 임대차 계약 기간 종료일까지 임대차 목적물을 명도하지 않거나 원상복구를 완료하지 아니한 경우 명도 및 원상복구 완료 시점까지) 임대차 목적물을 실제로 사용하지 않은 경우에도 월 임대료 및 관리비를 지급하여야 한다.
⑦ 임차인은 임차인의 사정으로 임대차 목적물의 전부 또는 일부를 사용하지 않는다는 이유로 임대료, 관리비 또는 임대차 보증금의 감액을 요구할 수 없다. 단, 임대인의 귀책사유로 인하여 임차인이 임대차 목적물의 전용 부분을 사용하지 못하게 된 경우, 임차인은 사용하지 못하는 전용 부분의 비율에 상응하는 임대료 및 관리비의 감액을 요구할 수 있다.

## 지연손해금 및 변제 충당

① 임차인이 임대인에 대한 임대차 보증금 및 "임대료 등"의 금전지급 의무를 지체하는 경우, 임차인은 임대인에게 그 지체금액에 대하여 연 12%의 이율에 의한 지연손해금을 지급하여야 한다. 임차인이 "임대료 등" 금전지급 채무의 이행을 지체하여 임대인이 임대차 보증금에서 공제하는 경우, 임차인은 그 미지급금의 납부 기한의 종료일 다음날부터 공제된 임대차 보증금을 보충한 날까지 그 채무의 이행을 지체한 것으로 간주하며, 임차인이 공제로 발생한 임대차 보증금의 부족분을 실제로 보충한 날에 이행지체가 소멸된다.
② 임차인이 실제로 납부한 금액이 임차인이 부담하는 채무를 전부 변제하기에 부족한 경우, 지연손해금, 연체된 모든 비용, 주차비, 관리비, 임대료, 임대차 보증금 기타 채무의 순으로 변제 충당된다.
③ 임대인은 지급이 지체된 "임대료 등"의 징수를 목적으로 임차인의 건물 내의 공공시설의 이용을 제한하거나, 냉난방, 전기, 수도 등의 공급을 중단하는 등 기타 제반설비의 이용을 제한할 수 있다.
④ 본 조에서 정한 지연손해금은 본 계약이 해지되거나 기간만료 등으로 종료된 후에도 임대차 보증금, 임대료, 관리비, 주차비, 명도 지연으로 인한 손해배상액, 기간 전 해지로 인한 손해배상액 등 임차인의 모든 금전지급 채무의 지연에 대하여 완제될 때까지 적용된다.

## 준수사항 및 면책규정

① 임차인은 부속 주차장을 용도에 따라 무상주차할 수 있으며, 임대인이 별도로 정한 주차관리 규정을 준수하기로 한다.
② 임대인은 전체 건물 내 계단, 복도 및 기타 건물 공용시설의 관리, 보안을 위하여 경비원을 배치, 관리할 수 있다.
③ 임차인은 자신의 책임하에 자신이 설치한 시설물, 임차인의 소유물 및 점유물을 관리·보존하여야 하며, 임대인은 임대인 또는 그의 대리인의 고의 또는 중과실에 의한 경우를 제외하고 임차인의 소유물 또는 점유물에 대한 파손 또는 손실에 대하여 어떠한 책임도 지지 아니한다.
④ 임대인은 임대인의 비용으로 임대차 계약 기간 동안 화재, 전기사고 등의 사고로 인하여 발생할 수 있는 임대인의 재산적 손해를 보전하기 위하여 임대차 목적물에 대한 화재 또는 재물 보험에 가입하기로 한다. 단, 본 항에 따라 임대인이 가입한 보험은 임차인의 물적 사고로 인한 재산손실 및 수익손실을 보전하지 아니한다.
⑤ 임차인은 본 조에서 규정한 임차인의 책임을 담보하기 위하여 임차인의 소유물, 점유물 또는 임차인의 영업에 관하여 화재보험, 배상책임보험, 재산종합보험 등에 임차인 명의와 비용으로 가입하여 임대차 계약 기간에 유지하여야 하며, 보험 가입내용을 임대인에게 서면 통보하여야 한다. 단, 보험에 가입하였다는 사실로 인하여 임차인의 책임이 경감 또는 면제되지 아니한다.
⑥ 본 계약상에서 요구되거나 허용되는 모든 통지는 서면으로 작성되어야 하며, 아래의 주소로 당사자에게 직접 전달하거나 등기우편, 팩스로 전송하여야 한다. 직접 전달에 의한 통지는 교부 시에 전달된 것으로 간주하고, 등기우편에 의한 통지는 발송일로부터 7일 후에 전달된 것으로 간주하며, 팩스에 의한 통지는 전송 시 또는 적절한 수령 증거 확인 시에 전달된 것으로 간주한다.
⑦ 임차인의 행위 또는 임차인이 설치한 시설물 등으로 인하여 본 조 제③항의 임대인이 부담하는 보험료가 증액될 때에는 그 증액분은 임차인이 부담한다.
⑧ 임차인 또는 그의 임직원이 고의 또는 과실로 임대인 또는 타 임차인 등 제3자의 신체나 재산에 손해를 입혔을 경우 임차인은 이로부터 발생한 모든 손해를 배상하여야 한다. 이 경우 임차인은 지체 없이 그 사실을 임대인에게 통보하여야 하며, 이로부터 발생하는 모든 책임과 비용(변호사 비용 포함)으로부터 임대인과 관리인을 면책시켜야 한다.
⑨ 본 계약에 의하여 발생하는 임대료, 관리비 등 제반 금원에 대한 부가가치세는 별도이며, 임차인이 부담한다. 단, 임대차 보증금에 대한 간주임대료의 부가가치세는 임대인이 부담한다.
⑩ 간판 설치는 지자체의 조례로 정하는 규격을 따르고, 아울러 건물 자체의 간판 설치 규약을 준수하며, 임대인의 승인을 받아 설치한다. 간판의 설치에 따른 안전사고 및 천재지변으로 인한 파손, 재산과 인명의 피해가 있는 경우 설치 당사자(임차인)의 책임으로 피해를 복구하며, 임대인은 면책시켜야 한다. 임대인의 사전 승인 없이 부착한 간판 및 광고물에 대해서는 사전 고지 없이 즉시 철거할 수 있으며, 관련 비용은 임차인이 부담한다.

⑪ 임대인 또는 관리인은 효율적인 건물관리를 위해 입주자 관리규정, 주차관리 규정, 간판 설치규정 기타 제 규정(이하 "관리규정 등")을 제정·시행·개폐할 수 있으며 본 계약의 일부로서 간주한다.
⑫ 임차인은 관리규정 등(변경사항 포함)을 준수하기로 하며, 동 관리규정 등의 중요한 사항을 3회 이상 불이행할 경우, 본 계약의 위반으로 본다.

### 금지사항

임차인은 전유부 및 공용 부분 내에서 다음 각 호에 해당하는 행위를 하여서는 아니 되며, 임차인의 관련자(임차인의 임직원, 방문자, 고객 등을 포함하며 이에 제한되지 않음)가 다음 각 호의 행위를 하지 않도록 필요한 조치를 하여야 한다.
① 공중에 대하여 불쾌감을 주거나, 통행에 불편함을 주는 광고물 설치, 상품 방치 등의 행위
② 폭발물 등 위험성이 있는 물질 또는 인체에 유해하고, 불쾌감을 주거나 타인의 재산을 파손할 염려가 있는 물품 또는 임대인이 그 사용을 금지한 물품을 반입 또는 보관하는 행위
③ 동물의 사육 또는 소음·소란 등 전체 건물 내 다른 임차인과 그 임직원의 업무를 방해하거나 다른 임차인이 기피하거나 반대·혐오할 만한 행위
④ 주거시설의 설치행위 및 기거 또는 숙박행위를 하거나 임대차 목적물을 본 계약상의 사용 용도 이외의 다른 용도로 사용하는 행위
⑤ 임대차 목적물 내에서 당국이 정한 부정 외래품 등 불법적인 물건을 취급 또는 판매하는 행위
⑥ 임대인의 사전 서면동의 없이 공용 부분에 자동판매기를 설치하거나 임대차 목적물 내에서 주류 또는 알코올성 음료를 판매하는 행위
⑦ 법에 저촉되는 일체의 제조, 영업 및 판매행위
⑧ 건물의 정상적인 관리 및 유지를 방해하는 행위
⑨ 임대인이 인정하는 것 이외의 냉난방용 기자재를 반입, 사용하는 행위
⑩ 난방, 온열 기구의 취급을 신중히 하지 않고 화기·연료 등의 위험물을 노출시키는 행위
⑪ 임차인이 소유하지 않은 구조물 기타 시설물 등을 파손, 훼손 또는 오염시키거나 전력시설, 가스시설, 조명, 통신시설, 상하수도 시설을 조작하는 행위
⑫ 본 계약 목적에 반하는 영업행위
⑬ 기타 전체 건물의 가치 보존 및 증대, 다수 임차인의 이해조정 등을 위하여 합리적으로 금지할 필요가 있어 임대인이 수시로 통지한 행위

## 시설물의 설치변경 수선

① 임차인은 다음 각 호의 행위를 포함하여 임대차 목적물 내 시설물을 설치 또는 변경하고자 할 때는 사전에 도면 및 시방서를 첨부하여 임대인의 서면에 의한 사전 승낙을 얻어야 하며, 필요한 인허가(용도변경 포함) 취득과 공사비 기타 제반사항은 임차인의 책임과 비용으로 한다. 단, 전체 건물의 통일성을 기하기 위하여 임대인 또는 임대인이 지정하는 관리인이 시공에 관하여 지휘 및 감독을 할 수 있다. 임차인은 임대차 목적물에서의 영업 개시를 위해 임대인의 사전 서면 승인을 받아 임대차 계약 기간 개시일 이전에 다음 각 호의 행위를 하는 경우(이하 포괄하여 "내장공사")에도 본 항이 동일하게 적용된다.
1. 임대차 목적물 내·외부의 실내장식, 칸막이, 창호 등 설치구조물 및 광고물의 설치 또는 변경행위(단, 위 설치 또는 변경행위는 관계 법령을 준수하고, 이와 관련 해당 관청으로부터 임대인이 과태료 등 벌과금 부과 및 철거 이행강제 지시를 받는 등 임대인 또는 제3자에게 손해 및 부담을 끼쳤을 경우, 이를 임차인의 책임과 비용으로 해결하여야 한다)
2. 전력, 가스, 수도 시설, 통신시설, 환기시설 및 배선 등 설비의 신설, 증설, 이전 또는 변경행위
3. 임대차 목적물 내 냉난방 설비, 항온항습기 및 부대설비 설치 또는 변경행위
4. 기타 임대차 목적물의 구조나 안전에 영향을 미치거나 변경을 초래할 수 있는 설치 또는 변경행위

② 임차인이 부담한 비용이 유익비나 필요비에 해당하여 임대인에게 그 상환을 청구할 수 있는 경우라 하더라도 임차인은 그 비용상환청구권을 포기하고, 어떠한 금전청구도 하지 않기로 하며, 후일 명도 시에는 임차인의 비용부담으로 원상복구하여야 하고, 비용상환청구권 등을 근거로 하여 유치권을 주장하지 아니한다. 단, 임대인과 임차인이 달리 서면으로 합의할 때는 그에 따른다.
③ 임차인이 원상복구 의무를 이행하지 않거나 통상의 명도 상태대로 원상복구가 되지 아니하는 경우 임대인은 본 계약 제3조에 따라 임대차 보증금에서 원상복구에 필요한 비용을 공제할 수 있다. 또한, 이로 인하여 발생하는 공동사용 부분의 불편, 사용정지 등은 전적으로 임차인의 책임으로 한다.
④ 시설 및 설비 등의 신설, 증설, 이전 또는 변경으로 인해 추가로 부과되는 취득세, 재산세, 수도·광열비 등 각종 제세공과(공사로 인하여 임대인 명의로 추가 부담되는 법인세 및 부가가치세를 포함한다) 및 부담금, 임대인이 가입하는 보험에 대한 보험료의 증액은 명의 여하에도 불구하고 임차인이 부담하여야 한다.
⑤ 임대인은 임대차 목적물의 벽, 천장, 복도, 냉난방 시설 기타 임대인이 설치한 시설물에 대한 수선의무를 부담한다. 다만, 임차인의 고의 또는 과실로 인하여 임대인이 설치한 시설물에 수선이 필요하게 된 경우 및 임차인이 설치한 시설물에 대한 수선의무는 임차인이 부담한다.
⑥ 임차인이 수선할 곳을 발견하였을 경우 임대인에게 즉시 통지하여야 하며, 임차인이 수선하는 경우에도 임대인과 수선방법 등에 대하여 사전에 협의하여야 한다.
⑦ 임차인의 수선의무를 다하지 않거나 지체하는 경우 임대인은 자신의 비용으로 필요한 수선 또는 조치를 하고 임차인에게 그 비용을 청구하며, 임차인은 해당 비용을 지불한다.

## 기타

① 본 계약은 본 계약 체결 이전의 양 당사자 간의 모든 구두 또는 서면에 의한 합의를 대신한다.

② 본 계약은 양 당사자가 공식적으로 서명한 서면 합의에 의해서만 변경할 수 있다.

③ 본 계약 체결과 관련 협상 및 업무처리 과정에서 각 당사자 또는 그 대리인에게 공개된 모든 정보에 대하여 수령한 당사자 및 그의 대리인은 비밀을 유지하여야 한다. 다만, (1) 정보제공 당사자가 정보 공개에 대하여 사전에 동의한 경우 (2) 이미 공개된 정보이거나 수령자가 이미 알고 있었던 정보인 경우 (3) 법령에 따라 공개할 의무를 부담하는 경우 (4) 비밀유지 의무를 부담하는 공인중개사, 변호사, 회계사, 투자자, 잠재투자자 또는 잠재매수인 등에게 공개하는 경우 등에는 그러하지 아니하다.

④ 임대인 및 관리인은 건물의 보수 및 제반시설의 조작, 점검, 방화, 방범, 위생, 구호, 임대, 매각 등을 위해 임대차 목적물 내에 출입할 필요가 있는 경우, 임차인에게 이를 사전에 요청하고 제3자와 함께 임대차 목적물에 출입할 수 있으며, 임차인은 특별한 사유가 없는 한 이에 응해야 한다.

⑤ 임대인은 사전에 임차인과 협의할 시간적 여유가 없는 화재, 누수, 시설고장 등의 비상사태가 발생할 경우에는 임차인과의 사전 협의 없이 임대차 목적물 내에 출입하여 비상사태에 대응할 수 있으며, 사후에 이를 임차인에게 통보한다.

⑥ 임대인이 임대차 목적물을 제3자에게 양도하는 경우, 임대인은 임차인에게 서면 통지를 보냄으로써 임차인의 동의 없이도 본 계약상의 임대인 지위를 양수인에게 이전할 수 있으며, 임차인은 임대인의 요청에 따라 임대차 계약 승계동의서 등 필요한 서류를 제공하기로 한다.

| 부록 |

# 01
# 헷갈리는 용어

**보상과 배상**

"배상"은 위법한 행동으로 인해 누군가에게 손해가 발생한 경우 그 손해를 돈으로 갚는 것을 말한다. "보상"은 적법한 행동으로 인해 누군가에게 손해가 발생한 경우 그 손해를 돈으로 주는 것을 말한다. 즉, "손해보상"은 틀린 말이고, "손해배상"이 맞는 말이다. "배액보상"은 없는 말이고 "배액배상"이 맞는 말이다.

**적용하다와 준용하다**

"적용"은 표준이 되는 것의 수정이나 변경 없이 그대로 사용하는 것을 의미한다. "준용"은 표준이 되는 것을 기준으로 상황이나 성질에 따라 다소 융통성 있게 적용하는 것을 말한다.

### 각하와 기각

"각하"는 소 또는 상소를 하기 위한 기본 요건을 구비하지 못한 경우 재판을 하지 않고 소송을 종료시키는 것을 말한다. "기각"은 청구한 내용에 대해 재판을 진행했으나 결과적으로 청구한 내용이 이유 없다고 판단한 것을 의미한다. 즉, 각하는 재판까지 가기 전 단계에서 소의 요건을 구비하지 못해 소송이 종료된 것이고, 기각은 재판을 받아보니, 원고가 청구한 내용이 타당한 이유가 없다고 판결난 것을 의미한다.

### 상소, 항소, 상고, 항고

"상소"란 하급법원의 판결에 불복하여, 상급법원에 다시 재판을 신청하는 절차이다. 상소의 종류에는 항소와 상고, 항고가 있고, 항소와 상고는 판결에 대한 불복신청이며, 항고는 결정과 명령에 대한 불복신청이다.

"항소"는 지방법원 제1심의 종국 판결에 대하여 제2심 법원에 불복신청하는 것을 말한다. 형사소송은 판결송달이 있은 날부터 1주일, 민사소송은 2주일 이내에 제1심 법원에 항소장을 제출함으로써 항소의 절차가 진행된다. 항소의 경우, 사실관계와 법률적인 측면을 모두 다시 심리할 수 있다. 항소기일이 지나면 선고가 확정된다.

"상고"는 항소심 법원의 판결에 대해서 대법원에 상소하는 것을 말한다. 상고는 원칙적으로 제2심 판결에 대하여 허용된다. 상고는 주로 법률의 해석이나 적용에 있어 중대한 법리적 오류가 있었는지 아닌지를 심사하게 된다. 즉, 사실관계의 오류보다는 법률적 판단의 정확성에 초점을 맞추게 된다. 이처럼 항소와 상고의 본질은 동일하다. 둘 다, 재판부가 내린 판결에 불복해 하급법원에 재판을 받을 수 있도록 해달라고 요청하는 법률행위이다.

"항고"는 법원의 결정이나 명령, 재판 이외의 활동에 대해 불복하고 더 높은 법원에 재검토를 요청하는 절차이다. 항고의 대상은 주로 최종 판결이 아닌 재판과정에서 나오는 중간 결정들에 대한 것이다. 결정에 해당하는 대표적인 사례로는 압류 및 전부명령, 압류 및 추심명령 등이 있고, 명령의 대표적인 사례로 소장 보정명령 등이 있다. 전부명령과 추심명령은 이름은 명령이지만, 법률상의 성질은 결정에 해당하니 주의를 기울일 필요가 있다. 즉, 1심의 결과가 결정 또는 명령이고, 그에 대한 불복으로 상급법원에 제2심을 신청하면 항고가 되는 것이다. 요약해보면 판결형식의 재판은 판결(1심) → 항소(2심) → 상고(3심)의 3심제이고, 결정과 명령형식의 재판은 결정, 명령(1심) → 항고(2심) → 재항고(3심)의 3심제이다.

### 재판, 판결, 선고, 결정, 명령

"재판"은 법원이 법적 분쟁이나 형사사건에 대해 심리하고 결정하는 과정을 말한다. 이 과정은 사건의 제기에서 시작하여 증거수집, 증인신문, 변론 등을 포함하며, 최종적으로는 판결에 도달한다. 재판은 넓은 의미로 법적 분쟁을 해결하는 전체 과정을 가리키며, 소송이나 기타 법적 절차를 통해 이루어지게 된다.

"판결"은 재판과정이 끝난 후, 법원이 내리는 결과물이다. 판결은 법적 문제에 대한 법원의 최종 의견을 반영하며, 소송당사자들이 준수해야 하는 법적 효력을 가지게 된다. 판결은 소송의 승패와 관련된 내용, 손해배상의 액수, 범죄에 대한 형량 등을 명시할 수 있다.

"선고"는 법원이 그 판결을 공식적으로 소송당사자들에게 발표하는 행위를 의미한다. 선고는 법정에서 공개적으로 이루어지며, 판결문을 낭독하는 형태로 진행된다. 선고를 통해 판결이 공식화되며, 판결문에 명시된 내용이 법적 효력을 갖게 된다.

"결정"은 재판과정 중 또는 재판 외에서 법원이 내리는 특정한 명령이나 지시를 말한다. 결정은 종종 소송의 절차적 측면(예: 증거제출 기한 설정, 재판일정 변경)이나 사건관리와 관련이 있으며, 최종 판결과는 구분된다. 결정은 재판의 진행을 원활하게 하거나 특정 법적 문제에 대한 지침을 제공하는 데 중요한 역할을 한다.

"명령"은 법원이 특정 행위를 하거나 하지 않도록 법적으로 지시하는 것이다. 명령은 소송당사자나 제3자에게 구체적인 조치를 취하라고 요구하며, 이행하지 않으면 법적 제재를 받을 수 있다. 가처분 명령이나 금지명령과 같이 재판과정 중에 일시적으로 적용되는 명령도 있고, 최종 판결의 일부로 내려지는 명령도 있다.

이 용어들은 모두 법적 문제를 다루는 과정에서 중요하며, 법적 분쟁 해결과 관련된 다양한 절차와 결정을 지칭한다. 법원의 판단과 명령은 강제력을 가지며, 소송당사자들은 이에 따라 행동해야 한다.

**무효, 취소, 해제, 해지, 불성립**

"무효"는 법률행위가 처음부터 그 효력이 없는 것을 의미한다. 법적인 행위가 법적 요건을 충족시키지 못해 처음부터 법적 효력이 없는 상태를 의미한다. 공인중개사 업무에 있어서, 토지거래허가 조건부 계약의 경우 유동적 무효에 해당한다. 유동적 무효란 토지거래허가를 얻게 되면 유효한 계약이 되고, 토지거래허가를 얻지 못하면, 법적 효력이 없는 무효가 된다는 뜻이다. 무효인 법적 행위는 어떠한 법적 효력도 발생시키지 않으며, 별도의 법원 판결이나 결정 없이도 그 무효성이 인정된다.

"취소"는 일단 유효한 법률행위를 소급 적용하여 무효로 만드는 것을 의미한다. 일반적으로 법적 행위의 일정한 하자를 가지고 있어 그 행위를 유효하게 존속시키기 어려울 때 사용된다. 취소의 원인은 법률에 규정되어 있다. 법률행위(계약) 당시의 취소사유로는 착오, 강박, 사기 등이 법률로 규정되어 있다. 취소권의 행사는 일방적인 의사표시로 이루어지는 형성권이다. 취소의 경우 처음부터 소급하여 무효가 되므로, 무효의 법리를 따른다. 계약의 취소가 이루어지게 되면 계약의 당사자들은 서로 부당이득 반환의 의무를 지게 된다. 취소의 경우 손해배상청구를 할 수 없다.

"해제"는 계약에만 적용한다. 해제의 원인은 법률에 규정된 것도 있고, 당사자의 약정에 의한 경우도 있다. 이미 성립된 계약에 대해 일방적 의사표시에 의해 소멸시켜 계약이 당초부터 존재하지 않았던 것과 같은 상태로 만드는 것이다. 다시 말해 소급효가 있는 것이다. 당사자 일방이 계약을 해제한 때에는 제3자의 권리를 해하지 못한다. 또한 원상회복 의무가 있다. 반환할 금전의 경우에는 그 금전을 받을 날로부터 이자를 가하여야 한다.

"해지"는 계약이나 합의를 종료시키는 행위를 의미한다. 계속적 계약관계(임대차, 고용, 위임)에서 당사자 일방의 의사표시로 장래에 그 계약관계를 소멸시키는 것이다. 예를 들면, "상가임대차에 있어서 3기 이상의 차임연체로 인한 임차인의 귀책사유로 계약을 해지합니다"라고 통보하는 것이다. 해지는 계약서에 명시된 절차에 따라 이루어지며, 해지 이후에는 계약으로 인한 의무가 더 이상 발생하지 않는다.

"불성립"은 법적 행위나 계약이 법적으로 요구되는 기본적인 조건을 충족시키지 못해 처음부터 성립되지 않은 상태를 의미한다. 불성립은 처음부터 어떠한 법적 효력도 발생하지 않는 상태를 나타내며, 무효와 유사한 개념이지만, 불성립은 법적 행위가 기본적인 성립조건을 만족시키지 못했음을 의미한다.

# 민법

**제1편 총칙**
**제5장 법률행위**
**제4절 무효와 취소**

### 제141조(취소의 효과)
취소된 법률행위는 처음부터 무효인 것으로 본다. 다만, 제한능력자는 그 행위로 인하여 받은 이익이 현존하는 한도에서 상환(償還)할 책임이 있다.

### 제143조(추인의 방법, 효과)
① 취소할 수 있는 법률행위는 제140조에 규정한 자가 추인할 수 있고, 추인 후에는 취소하지 못한다.
② 전조의 규정은 전항의 경우에 준용한다.

### 제144조(추인의 요건)
① 추인은 취소의 원인이 소멸된 후에 하여야만 효력이 있다.
② 제1항은 법정대리인 또는 후견인이 추인하는 경우에는 적용하지 아니한다.

### 제146조(취소권의 소멸)
취소권은 추인할 수 있는 날로부터 3년 내에, 법률행위를 한 날로부터 10년 내에 행사하여야 한다.

**제3편 채권**
**제2장 계약**
**제1절 총칙**
**제3관 계약의 해지 해제**

### 제543조(해지 해제권)
① 계약 또는 법률의 규정에 의하여 당사자의 일방이나 쌍방이 해지 또는 해제의 권리가 있는 때에는 그 해지 또는 해제는 상대방에 대한 의사표시로 한다.
② 전항의 의사표시는 철회하지 못한다.

### 제544조(이행지체와 해제)
당사자 일방이 그 채무를 이행하지 아니하는 때에는 상대방은 상당한 기간을 정하여 그 이행을 최고하고 그 기간 내에 이행하지 아니한 때에는 계약을 해제할 수 있다. 그러나 채무자가 미리 이행하지 아니할 의사를 표시한 경우에는 최고를 요하지 아니한다.

**제546조(이행불능과 해제)**
채무자의 책임 있는 사유로 이행이 불능하게 된 때에는 채권자는 계약을 해제할 수 있다.

**제548조(해제의 효과, 원상회복의무)**
① 당사자 일방이 계약을 해제한 때에는 각 당사자는 그 상대방에 대하여 원상회복의 의무가 있다. 그러나 제3자의 권리를 해하지 못한다.
② 전항의 경우에 반환할 금전에는 그 받은 날로부터 이자를 가하여야 한다.

**제549조(원상회복의무와 동시이행)**
제536조의 규정은 전조의 경우에 준용한다.

**제550조(해지의 효과)**
당사자 일방이 계약을 해지한 때에는 계약은 장래에 대하여 그 효력을 잃는다.

**제551조(해지 해제와 손해배상)**
계약의 해지 또는 해제는 손해배상의 청구에 영향을 미치지 아니한다.

**제552조(해제권 행사 여부의 최고권)**
① 해제권의 행사의 기간을 정하지 아니한 때에는 상대방은 상당한 기간을 정하여 해제권 행사 여부의 확답을 해제권자에게 최고할 수 있다.
② 전항의 기간 내에 해제의 통지를 받지 못한 때에는 해제권은 소멸한다.

**제553조(훼손 등으로 인한 해제권의 소멸)**
해제권자의 고의나 과실로 인하여 계약의 목적물이 현저히 훼손되거나 이를 반환할 수 없게 된 때 또는 가공이나 개조로 인하여 다른 종류의 물건으로 변경된 때에는 해제권은 소멸한다.


한다, 하여야 한다, 할 수 있다

"한다" 또는 "하여야 한다"는 의무적으로 그렇게 해야 한다는 뜻이다. "할 수 있다"는 할 수도 있지만, 때에 따라서는 하지 않아도 된다는 뜻을 내포하고 있는 말이다. 즉 유리할 때는 "할 수 있다"고 주장하고, 불리할 때는 "하지 않아도 된다"고 주장할 수 있는 것이다.

### 갑호증, 을호증

민사소송에서 볼 수 있는 용어이다. "갑호증"은 원고 측에서 제출한 증거자료들을 말하며, "을호증"은 피고 측에서 제출한 증거자료들을 말한다. "갑 제1호증" 또는 "을 제2호증"이라고도 한다.

### 이전, 이후, 전, 후

"이전"과 "이후"는 기준 시점을 포함하는 개념이지만 "전"과 "후"는 기준 시점을 포함하지 않는 개념이다. 이를 테면 "5월 1일 이후 30일간"이라고 하면 5월 1일을 포함하여 30일간을 의미하여 5월 1일부터 5월 30일까지를 의미하지만, 5월 1일 후 30일간이라고 하면 5월 2일부터 5월 31일까지를 의미한다.

### 즉시와 지체 없이

"즉시"가 "지체 없이"보다 시간적 즉시성이 강한 말이다. 지체 없이는 즉시와 같이 시간적 즉시성이 강조되긴 하지만, 정당하거나 합리적인 이유에 기인한 지체는 허용된다고 해석되며, 다만 사정이 허락하는 한 가능하면 빨리하여야 한다는 뜻이다.

### 신고, 고소, 고발

"신고"는 범죄나 위법행위, 혹은 그러한 의심이 가는 사건을 경찰이나 관련 기관에 알리는 행위이다. "신고"는 누구나 할 수 있으며, 특정한 법적 책임을 요구하는 것은 아니다. 예를 들어, 교통사고 현장을 목격한 시민이 경찰에 이를 알리는 경우가 신고에 해당한다.

"고소"는 고소권자가 수사기관에 대해 일정한 범죄사실을 신고해 처벌해 달라고 하는 것이다. 고소권자는 일반적으로 피해자이다. 피해를 본 사람이 직접 수사기관에 가서 고소장을 제출하는 것을 고소한다고 표현한다. 고소는 대리인이 대신하게 할 수 있다. 예를 들어 선임한 변호사를 통해 고소하는 것이다. 고소는 서면 또는 구술로 수사기관에 해야 한다.

"고발"은 피해자 이외의 제3자가 수사기관에 범죄사실을 신고해 처벌해 달라고 하는 것이다. 즉, 고소와 고발은 "누가" 신고를 하는지에 따라 차이가 난다. 누구나 범죄가 있다고 생각되면 제3자는 고발할 수 있다. 고발은 고소와 달리 대리를 인정하지 않는다. 그 외 고발의 방식 및 고발 이후의 절차는 고소의 경우와 같다.

### 형사소송, 민사소송

"형사소송"의 경우 내가 가장 먼저 찾아가야 하는 곳은 법원이 아닌 수사기관이다. 보통 경찰이나 검찰에 고소하는 것에서부터 시작한다. 수사기관에 찾아가서 "이런저런 것들이 너무나 억울합니다!"라고 하면 수사기관은 가해자인 피고소인을 불러 조사하고, 혐의가 있다고 판단되면 재판에 넘긴다. 이때 피고소인은 피고인이 된다. 또한, 재판에 넘기는 기소 절차를 거치더라도 나는 형사소송의 당사자가 아니라 고소인일 뿐이며, 당사자는 나에게 피해를 준 가해자인 피고인과 수사기관의 주체인 검사이다. 이처럼 형사소송은 검사가 법원에 "누군가를 처벌해주세요!", "이 사람은 이런 잘못을 한 사람입니다!"라고 요청하는 절차이다.

"민사소송"에서는 소장을 제출함으로써 민사소송 과정이 시작되었는데, 그럼 형사소송을 시작하게 하려면 수사기관에 무엇을 제출해야 할까? 바로 소장이 아닌 고소장이다. 고소장은 고소하는 데 있어서 그 내용과 이유를 적은 것으로, 소장과 달리 청구취지나 청구원인으로 순서를 나누어 작성하지 않아도 된다. 상대방이 나에게 끼친 피해인 범죄사실, 그 범죄사실이 귀결되는 죄명 등을 논리적으로 육하원칙에 따라 작성하는 것으로 충분하다.

강행규정, 임의규정, 효력규정, 단속규정

| 구분 | 법적 근거 | 법률행위의 효과 |
| --- | --- | --- |
| 강행규정 | 민법 | 위반하면 무효 |
| 임의규정 | | 위반해도 당사자 간 유효 |
| 효력규정 | 행정법<br>(단속법규) | 위반하면 무효 |
| 단속규정 | | 위반해도 법률행위 유효 |

강행규정과 임의규정은 사법규정이고, 효력규정, 단속규정은 공법규정으로 본다. 한편, 공법적 성질의 행정법규라도, 사실상 법률관계에 관한 것이면, 민법에 해당하여 단속법규는 강행규정에 속한다고 보는 경우가 많다.

강행규정은 당사자들이 자유롭게 변경하거나 무시할 수 없는 법률

규정을 의미한다. 이러한 규정은 주로 공공의 이익, 사회질서 유지, 그리고 당사자 간의 공정한 대우를 보장하기 위해 설정된다. 강행규정에 어긋나는 계약이나 합의는 무효로 간주한다.

임의규정은 당사자의 거래나 계약, 소송에 있어서 편의와 이익을 보호하기 위하여 정해진 규정이다. 당사자가 법의 규정과 다른 의사를 가지고 있을 때, 법의 규정을 적용하지 않고 당사자의 의사에 따르게 되는 법규를 말한다.

효력규정은 강행규정과 유사하다. 이에 위반하면, 그 행위나 절차의 효력에 영향을 미치는 규정을 말한다. 효력규정을 위반하면 그 법률행위는 무효가 된다. 예를 들면, 중개보수의 초과보수 약정은 효력규정에 속한다.

단속규정은 임의규정과 유사하다고 이해하자. 법률을 위반한 행위라 할지라도, 그 법률행위의 효과를 부인하지 않는다고 본다.

> **대법원 2017. 2. 3. 선고 2016다259677 판결 [계약금반환]**
>
> 개업공인중개사 등이 중개의뢰인과 직접 거래를 하는 행위를 금지하는 공인중개사법 제33조 제6호의 규정 취지는 개업공인중개사 등이 거래상 알게 된 정보를 자신의 이익을 꾀하는 데 이용하여 중개의뢰인의 이익을 해하는 경우가 있으므로 이를 방지하여 중개의뢰인을 보호하고자 함에 있는바, **위 규정에 위반하여 한 거래행위가 사법상의 효력까지도 부인하지 않으면 안 될 정도로 현저히 반사회성, 반도덕성을 지닌 것이라고 할 수 없을 뿐만** 아니라 행위의 사법상의 효력을 부인하여야만 비로소 입법 목적을 달성할 수 있다고 볼 수 없고, 위 규정을 효력규정으로 보아 이에 위반한 거래행위를 일률적으로 무효라고 할 경우 중개의뢰인이 직접 거래임을 알면서도 자신의 이익을 위해 한 거래도 단지 직접 거래라는 이유로 효력이 부인되어 거래의 안전을 해칠 우려가 있으므로, 위 규정은 강행규정이 아니라 **단속규정이다**.

### 전용면적, 공급면적, 계약면적, 실사용 면적, 서비스 면적

"전용면적"은 벽이나 기둥 내부의 공간을 포함해, 실제로 거주자가 독점적으로 사용할 수 있는 공간의 면적을 말한다. 이는 주방, 거실, 침실, 화장실 등의 실내 공간 전체를 포함한다. 발코니와 베란다의 면적은 제외된다. 즉 84㎡의 전용면적의 경우 발코니 확장을 통해 실제 사용면적은 20~30%가량 증가하게 된다. 발코니 확장을 효율적으로 하는 것이 아파트의 가격에도 영향을 미친다.

"공급면적"은 전용면적에다가 벽, 기둥, 공용 공간의 일정 비율을 포함한 면적을 말한다. 이는 아파트나 주택의 전용면적뿐만 아니라, 복도, 계단, 엘리베이터와 같은 건물 내 공용 부분을 사용할 권리가 포함된 면적을 의미한다.

"계약면적"은 공급면적(전용면적+주거 공용면적)에 기타 공용면적을 합한 면적을 말한다. 기타 공용면적은 경비실, 관리사무소, 노인정, 놀이터, 주차장 등의 면적을 말한다.

"실사용 면적"은 법률에 명시된 용어는 아니다. 도시형 생활주택, 아파트 등에서 발코니가 확장된 부분을 전용면적에 포함하여, 실제 생활공간에서 사용자가 사용할 수 있는 면적을 설명할 때 사용된다.

"서비스 면적" 역시, 법률에 명시된 용어가 아니다. 주로 아파트를 분양할 때, 발코니의 확장 부분을 서비스 면적으로 표현하여 지칭한다. 그래서 "서비스 면적"이라고 부른다. 오피스텔에서는 발코니 확장이 허용되지 않기 때문에 서비스 면적이 없다. 간혹, 상가건물을 분양할 때, 독점 베란다를 전용 테라스 등으로 표현하며 서비스 면적이라고 설명하는데, 상가건물의 외부 발코니는 대장에 표기되지 않는 면적이지만, 엄연히 공용 부분에 해당한다. 공용 부분을 전용으로 사용할 수 있는 것처럼 분양하여 문제가 생기는 일도 있으니 주의할 필요가 있다.

아파트와 같은 주거시설은 분양면적으로 공급면적을 사용하고, 오피스텔은 분양면적으로 계약면적을 사용한다. 이는 아파트는 주택법의 적용을 받고, 오피스텔의 경우 건축법의 적용을 받기 때문이다. 분양면적의 표기 기준이 달라 분양을 받을 때 주의가 필요하다.

공시지가(표준지공시지가, 개별공시지가),
국세청 기준시가(개별주택가격, 공동주택가격 건물기준시가),
지방세 시가표준액, 공정시장가액비율

"공시지가"는 국토교통부가 매년 공시하는 토지의 가격을 의미하며, 주로 세금 산정 및 각종 국가 정책의 기준으로 사용된다. 공시지가에는 표준지공시지가와 개별공시지가가 있다. 표준지공시지가는 전국의 대표적인 토지(표준지)에 대해 평가한 가격으로, 다른 토지의 가격을 산정하는 기준이 된다.

개별공시지가는 개별 토지의 가격을 말하며, 표준지공시지가를 기준으로 하여 개별 토지의 위치, 이용상황 등을 고려해 평가한다.

"기준시가"는 국세청에서 관리하는 국세의 기준이 되는 가격이다. 국세청은 부동산에 대한 세금을 부과하기 위해 기준시가를 산정한다. 이는 토지기준시가, 개별주택가격(단독주택), 공동주택가격(아파트 등), 건물기준시가 등으로 구분된다.

"시가표준액"은 지방세법에 따라 지방자치단체가 세금을 계산하기 위해 설정한 가격이다. 시가표준액은 주로 보유세의 기준으로 쓰인다. 중요한 것은 용어는 다르지만 같은 말이다. 토지와 주택의 기준시가 및 시가표준액은 "부동산 가격공시에 관한 법률"에 기초하고 있다.

"공정시장가액비율"은 주로 세금 계산에서 사용되는 개념으로, 부동산의 공시지가나 기준시가가 실제 시장가치(공정시장가액)에 비해 어느 정도인지를 나타내는 비율을 의미한다. 정부는 이 비율을 통해 세금 정책을 조정하는 데 사용한다.

### 재건축과 재개발

재건축과 재개발은 용어 자체만 들었을 때는 큰 차이가 없어 보이기 때문에 혼동하는 경우가 많다. 기존 건물을 부수고 새로운 주택을 건설하는 것은 같지만, 사업방식부터 큰 차이를 보이는 개념들이다. "재건축"은 노후 불량주택을 소유한 사람들이 재건축에 일정 비율 이상 동의한 후 조합설립인가를 받아서 사업을 진행하는 방식이다. 재건축이 민간주택사업의 성격이라면 "재개발"은 공공사업의 성격을 띠는 것이 특징이다.

재건축이 노후된 주택지역의 주거환경을 개선하기 위한 사업이라면, 재개발은 주거환경 개선은 물론 도시기능의 회복과 상권 활성화 등을 위한 도시환경 개선사업을 말한다. 재개발은 관에서 재개발구역 지정을 한 후에 관 주도로 사업을 진행한다

단독주택, 다가구주택, 다중주택,

다세대주택, 연립주택, 아파트, 빌라, 도시형 생활주택

먼저, "단독주택"과 "다가구주택", "다중주택"은 단독주택이며, 1개의 소유권이다. 다세대주택, 연립주택, 아파트는 공동주택으로 1호당 1개의 소유권으로 전용면적과 공용면적 일부를 각각 호별로 구분 소유한다. "빌라"라는 표현은 법률용어는 아니고, 여러 가구 또는 여러 호가 거주하기 위한 "다가구주택", "다세대주택"을 통칭하는 말로 사용된다. 도시형 생활주택은 주택법 시행령에 명시된 공동주택의 한 형태이다.

---

**건축법 시행령 별표 1**

1. **단독주택**[단독주택의 형태를 갖춘 가정어린이집 · 공동생활가정 · 지역아동센터 · 공동육아나눔터(「아이돌봄 지원법」 제19조에 따른 공동육아나눔터를 말한다. 이하 같다) · 작은도서관(「도서관법」 제4조 제2항 제1호 가목에 따른 작은도서관을 말하며, 해당 주택의 1층에 설치한 경우만 해당한다. 이하 같다) 및 노인복지시설(노인복지주택은 제외한다)을 포함한다]
가. 단독주택
나. 다중주택 : 다음의 요건을 모두 갖춘 주택을 말한다.
1) 학생 또는 직장인 등 여러 사람이 장기간 거주할 수 있는 구조로 되어 있는 것
2) 독립된 주거의 형태를 갖추지 않은 것(각 실별로 욕실은 설치할 수 있으나, 취사시설은 설치하지 않은 것을 말한다)
3) 1개 동의 주택으로 쓰이는 바닥면적(부설주차장 면적은 제외한다. 이하 같다)의 합계가 660제곱미터 이하이고, 주택으로 쓰는 층수(지하층은 제외한다)가 3개 층 이하일 것. 다만, 1층의 전부 또는 일부를 필로티 구조로 하여 주차장으로 사용하고, 나머지 부분을 주택(주거목적으로 한정한다) 외의 용도로 쓰는 경우에는 해당 층을 주택의 층수에서 제외한다.

4) 적정한 주거환경을 조성하기 위하여 건축조례로 정하는 실별 최소 면적, 창문의 설치 및 크기 등의 기준에 적합할 것

다. 다가구주택 : 다음의 요건을 모두 갖춘 주택으로서 공동주택에 해당하지 아니하는 것을 말한다.
1) 주택으로 쓰는 층수(지하층은 제외한다)가 3개 층 이하일 것. 다만, 1층의 전부 또는 일부를 필로티 구조로 하여 주차장으로 사용하고, 나머지 부분을 주택(주거목적으로 한정한다) 외의 용도로 쓰는 경우에는 해당 층을 주택의 층수에서 제외한다.
2) 1개 동의 주택으로 쓰이는 바닥면적의 합계가 660제곱미터 이하일 것
3) 19세대(대지 내 동별 세대수를 합한 세대를 말한다) 이하가 거주할 수 있을 것

라. 공관(公館)

2. 공동주택[공동주택의 형태를 갖춘 가정어린이집·공동생활가정·지역아동센터·공동육아나눔터·작은도서관·노인복지시설(노인복지주택은 제외한다) 및 「주택법 시행령」 제10조 제1항 제1호에 따른 소형 주택을 포함한다] 다만, 가목이나 나목에서 층수를 산정할 때 1층 전부를 필로티 구조로 하여 주차장으로 사용하는 경우에는 필로티 부분을 층수에서 제외하고, 다목에서 층수를 산정할 때 1층의 전부 또는 일부를 필로티 구조로 하여 주차장으로 사용하고, 나머지 부분을 주택(주거목적으로 한정한다) 외의 용도로 쓰는 경우에는 해당 층을 주택의 층수에서 제외하며, 가목부터 라목까지의 규정에서 층수를 산정할 때 지하층을 주택의 층수에서 제외한다.
가. 아파트 : 주택으로 쓰는 층수가 5개 층 이상인 주택
나. 연립주택 : 주택으로 쓰는 1개 동의 바닥면적(2개 이상의 동을 지하주차장으로 연결하는 경우에는 각각의 동으로 본다) 합계가 660제곱미터를 초과하고, 층수가 4개 층 이하인 주택
다. 다세대주택 : 주택으로 쓰는 1개 동의 바닥면적 합계가 660제곱미터 이하이고, 층수가 4개 층 이하인 주택(2개 이상의 동을 지하주차장으로 연결하는 경우에는 각각의 동으로 본다)
라. 기숙사 : 다음의 어느 하나에 해당하는 건축물로서 공간의 구성과 규모 등에 관하여 국토교통부장관이 정하여 고시하는 기준에 적합할 것. 다만, 구분 소유된 개별 실(室)은 제외한다.
1) 일반기숙사 : 학교 또는 공장 등의 학생 또는 종업원 등을 위하여 사용하는 것으로서 해당 기숙사의 공동취사시설 이용 세대수가 전체 세대수(건축물의 일부를 기숙사로 사용하는 경우에는 기숙사로 사용하는 세대수로 한다. 이하 같다)의 50퍼센트 이상인 것(「교육기본법」 제27조 제2항에 따른 학생복지주택을 포함한다)
2) 임대형 기숙사 : 「공공주택 특별법」 제4조에 따른 공공주택사업자 또는 「민간임대주택에 관한 특별법」 제2조 제7호에 따른 임대사업자가 임대사업에 사용하는 것으로서 임대목적으로 제공하는 실이 20실 이상이고, 해당 기숙사의 공동취사시설 이용 세대수가 전체 세대수의 50퍼센트 이상인 것

### 아파트와 아파텔

"아파트"는 주택법에 근거해 건설하고 분양하는 공동주택을 말한다. "아파텔"이란 보통 주상복합아파트에 함께 짓는 주거를 강화한 오피스텔이다. 즉 아파텔은 법적인 용어가 아니라 건설업체들이 분양하기 위해 만들어낸 신조어다.

### 바닥면적, 연면적, 건폐율, 용적률

부동산 거래를 해본 사람이라면 건폐율과 용적률이란 용어는 많이 들어봤을 것이다. "건폐율"은 대지면적에 대한 건축면적의 비율을 말한다. 즉 100평의 땅에 50% 건폐율을 적용하면 건축물의 바닥면적은 50평이라는 이야기이다. 건폐율의 제한을 두는 이유는 공지를 이용하여 일조, 채광, 통풍을 확보하고, 비상사태 시 대비를 위해서이다.

"용적률"도 건폐율과 마찬가지로 건물의 크기를 결정하는 비율을 말하지만 1층 면적비율만을 말하는 건폐율과는 다르게 건물 전층 면적을 합친 값을 말한다. 용적률이 높을수록 건물이 더 높게 건축되는 것인데, 이는 건폐율이 작을 때만 가능하단 소리다. 건폐율을 넓이의 개념, 용적률을 높이의 개념이라고 생각하면 쉬울 것이다.

"건폐율"이란 전체 대지면적에 대한 건물이 차지하는 면적의 비율이다. "용적률"이란 전체 대지면적에 대한 건물의 총면적(각 층 면적의 합계)이다. 즉 대지가 100평이고, 이 대지에 1개 층이 50평인 20층짜리 건축을 한다면 건폐율은 50%, 용적률은 1,000%다

### 입주권, 분양권

재건축·재개발 사업장이 관리처분인가를 받으면 조합원들이 새로 지어지는 아파트에 입주할 수 있는 권리를 갖게 되는데 이를 "입주권"이라고 한다. "분양권"은 우리가 흔히 알고 있는 청약에 당첨되어 건설회사와 계약을 하면 받게 되는 권리이다. 입주권을 가진 사람들은 분양권자보다 다소 낮은 분양가로 입주가 가능하지만 높은 취득세를 내야 하므로 세금적인 면에서는 분양권자보다 불리할 수 있다. 지역주택조합의 경우 입주권이라 부르지만, 법률상 분양권으로 본다. 주택법에 근거하기 때문이다.

### 시행사와 시공사

분양을 받는다면 시공사와 시행사를 구별해야 한다. "시공사"는 문자 그대로 시공을 하는 회사다. "시행사"는 실제 개발을 하는 주체라고 할 수 있다. 이름은 대형 건설업체의 이름으로 분양을 해도 실제 책임을 지는 것은 시행사다. 요즘 추세는 대형 건설회사들이 땅을 직접 매입하여 분양하는 것이 아니라 시행사나 개발업체가 산 땅에 단순히 공사만 해준다. 따라서 이런 경우 서로 이익을 나눠야 하므로 분양가가 비싸다.

### 발코니, 베란다, 테라스

발코니와 베란다는 건축법 시행령에 "노대"라고 표현되어 있다. "발코니"는 건축물의 노대로, "긴 외벽에 접한 길이에 1.5m를 곱한 값을 제외하고 바닥면적에 산입"한다고 발코니 확장에 대한 기준을 제시하고 있다. "베란다"는 2층 이상인 층에 있는 노대라고 설명하고 있다. 아울러, 2층 이상 노대의 경우 1.2m 이상의 난간을 설치하도록 규정하고 있다. "테라스"는 건축법에 명시되어 있지 않고, 1층 마당에 건축물의 바닥을 연장하여 활용할 수 있도록 바닥을 포장한 것 정도로 표현할 수 있다.

> **건축법 시행령**
>
> **제40조(옥상광장 등의 설치)**
> ① 옥상광장 또는 2층 이상인 층에 있는 노대등[노대(露臺)나 그 밖에 이와 비슷한 것을 말한다. 이하 같다]의 주위에는 높이 1.2미터 이상의 난간을 설치하여야 한다. 다만, 그 노대등에 출입할 수 없는 구조인 경우에는 그러하지 아니하다.
>
> **제119조(면적 등의 산정방법)**
> ① 법 제84조에 따라 건축물의 면적·높이 및 층수 등은 다음 각 호의 방법에 따라 산정한다.
> 3. 바닥면적 : 건축물의 각 층 또는 그 일부로서 벽, 기둥, 그 밖에 이와 비슷한 구획의 중심선으로 둘러싸인 부분의 수평 투영면적으로 한다. 다만, 다음 각 목의 어느 하나에 해당하는 경우에는 각 목에서 정하는 바에 따른다.
> 나. 건축물의 노대등의 바닥은 난간 등의 설치 여부에 관계 없이 노대등의 면적(외벽의 중심선으로부터 노대등의 끝부분까지의 면적을 말한다)에서 노대등이 접한 가장 긴 외벽에 접한 길이에 1.5미터를 곱한 값을 뺀 면적을 바닥면적에 산입한다.

### 경매와 공매

"경매"는 법원에서 진행한다. 판결로 진행하는 강제경매와 근저당권 등 담보권에 의한 경매로 나뉜다. 법원이 실시하는 경매와는 달리 "공매"는 자산관리공사에서 매각하는 것으로 국세와 지방세 등의 체납으로 국가나 지방자치단체가 압류한 세무 체납자의 재산을 매각한 것과 금융기관이 돈을 갚지 않은 채무자의 담보물건 매각을 자산관리공사에 위임한 것이 있다. 그 외의 회사나 일반인도 자신의 재산을 자산관리공사를 통해 매각을 의뢰할 수 있다. 이러한 것들이 모두 공매에 포함된다.

# 02

# 용도지역, 용도지구, 용도구역

### [1] 용도지역

토지의 이용 및 건축물의 용도·건폐율·용적률·높이 등을 제한함으로써 토지를 경제적·효율적으로 이용하고 공공복리의 증진을 도모하기 위하여 서로 중복되지 않게 도시·군관리계획으로 결정하는 지역을 말한다. 용도지역의 지정, 변경은 국토교통부장관, 시·도지사, 시장 또는 군수가 계획을 수립할 수 있다. 계획에 대한 결정은 국토교통부장관, 시·도지사, 대도시(50만 이상) 시장이 할 수 있다. 지정절차는 도시·군관리계획 결정절차를 따른다.

## 1. 용도지역의 구분

| 지역(법) | | 세분(시행령) | 지정목적 |
|---|---|---|---|
| 도시지역 | 주거지역 | 제1종전용주거<br>제2종전용주거<br>제1종일반주거<br>제2종일반주거<br>제3종일반주거<br>준주거 | 단독주택 중심의 양호한 주거환경 보호<br>공동주택 중심의 양호한 주거환경 보호<br>저층주택 중심의 주거환경 조성<br>중층주택 중심의 주거환경 조성<br>중고층주택 중심의 주거환경 조성<br>주거기능에 상업 및 업무기능 보완 |
| | 상업지역 | 중심상업<br>일반상업<br>근린상업<br>유통상업 | 도심·부도심의 상업·업무기능 확충<br>일반적인 상업 및 업무기능 담당<br>근린지역의 일용품 및 서비스 공급<br>도시 내 및 지역 간 유통기능의 증진 |
| | 공업지역 | 전용공업<br>일반공업<br>준 공업 | 중화학공업, 공해성 공업 등을 수용<br>환경을 저해하지 아니하는 공업의 배치<br>경공업 수용 및 주·상·업무기능의 보완 |
| | 녹지지역 | 보전녹지<br>생산녹지<br>자연녹지 | 도시의 자연환경·경관·산림 및 녹지공간 보전<br>농업적 생산을 위하여 개발을 유보<br>보전할 필요가 있는 지역으로 제한적 개발허용 |
| 관리지역 | 보전관리 | - | 보전이 필요하나 자연환경 보전지역으로 지정이 곤란한 경우 |
| | 생산관리 | - | 농·임·어업 생산을 위해 필요, 농림지역으로 지정이 곤란한 경우 |
| | 계획관리 | - | 도시지역 편입이 예상, 계획·체계적 관리 필요 |
| 농림지역 | | - | 농림업의 진흥과 산림의 보전을 위하여 필요 |
| 자연환경<br>보전지역 | | - | 자연환경 등의 보전과 수산자원의 보호·육성 |

## 2. 용도지역 지정현황

(단위 : ㎢)

| 도시명 | 전체 용도 지역 면적 | 도시지역 | | 관리지역 | | 농림지역 | | 자연환경 보전지역 | |
|---|---|---|---|---|---|---|---|---|---|
| | | 면적 | 비율 | 면적 | 비율 | 면적 | 비율 | 면적 | 비율 |
| 총계 | 106,232 | 17,792 | 16.75 | 27,304 | 25.70 | 49,244 | 46.36 | 11,871 | 11.17 |
| 서울특별시 | 606 | 606 | 100.0 | 0 | 0.0 | 0 | 0.0 | 0 | 0.0 |
| 부산광역시 | 994 | 941 | 94.7 | 0 | 0.0 | 0 | 0.0 | 53 | 5.3 |
| 대구광역시 | 885 | 801 | 90.5 | 0 | 0.0 | 36 | 4.1 | 48 | 5.5 |
| 인천광역시 | 1,111 | 528 | 47.5 | 316 | 28.4 | 261 | 23.5 | 0 | 0.0 |
| 광주광역시 | 501 | 480 | 95.8 | 18 | 3.5 | 4 | 0.7 | 0 | 0.0 |
| 대전광역시 | 540 | 496 | 91.9 | 9 | 1.7 | 28 | 5.1 | 7 | 1.2 |
| 울산광역시 | 1,148 | 764 | 66.6 | 64 | 5.6 | 276 | 24.0 | 44 | 3.8 |
| 세종특별자치시 | 465 | 142 | 30.5 | 175 | 37.7 | 145 | 31.1 | 2 | 0.4 |
| 경기도 | 10,384 | 3,387 | 32.6 | 2,968 | 28.6 | 3,584 | 34.5 | 446 | 4.3 |
| 강원도 | 16,862 | 1,030 | 6.1 | 3,282 | 19.5 | 10,868 | 64.5 | 1,683 | 10.0 |
| 충청북도 | 7,406 | 738 | 10.0 | 2,270 | 30.6 | 3,567 | 48.2 | 832 | 11.2 |
| 충청남도 | 8,766 | 919 | 10.5 | 3,154 | 36.0 | 3,991 | 45.5 | 689 | 7.9 |
| 전라북도 | 8,128 | 885 | 10.9 | 2,574 | 31.7 | 3,987 | 49.1 | 682 | 8.4 |
| 전라남도 | 15,442 | 1,720 | 11.1 | 3,482 | 22.5 | 6,319 | 40.9 | 3,920 | 25.4 |
| 경상북도 | 19,129 | 1,878 | 9.8 | 5,004 | 26.2 | 11,116 | 58.1 | 1,130 | 5.9 |
| 경상남도 | 11,815 | 2,008 | 17.0 | 2,902 | 24.6 | 4,955 | 41.9 | 1,950 | 16.5 |
| 제주특별자치도 | 2,051 | 470 | 22.9 | 1,086 | 53.0 | 108 | 5.3 | 387 | 18.9 |

※ 미지정지역 21㎢

## 3. 용도지역별 건폐율 · 용적률

| 용도지역 | | 종전 | | | 용도지역 | | 현재 | | |
|---|---|---|---|---|---|---|---|---|---|
| | | 세분 | 건폐율 | 용적률 | | | 세분 | 건폐율 | 용적률 |
| 도시지역 | 주거지역 | 제1종전용 | 50 | 50-100 | 도시지역 | 주거지역 | 제1종전용 | 좌동 | 좌동 |
| | | 제2종전용 | 50 | 100-150 | | | 제2종전용 | 〃 | 〃 |
| | | 제1종일반 | 60 | 100-200 | | | 제1종일반 | 〃 | 〃 |
| | | 제2종일반 | 60 | 150-250 | | | 제2종일반 | 〃 | 〃 |
| | | 제3종일반 | 50 | 200-300 | | | 제3종일반 | 〃 | 〃 |
| | | 준주거 | 70 | 200-700 | | | 준주거 | 〃 | 200-500 |
| | 상업지역 | 중심상업 | 90 | 400-1,500 | | 상업지역 | 중심상업 | 좌동 | 좌동 |
| | | 일반상업 | 80 | 300-1,300 | | | 일반상업 | 〃 | 〃 |
| | | 근린상업 | 70 | 200-900 | | | 근린상업 | 〃 | 〃 |
| | | 유통상업 | 80 | 200-1,100 | | | 유통상업 | 〃 | 〃 |
| | 공업지역 | 전용공업 | 70 | 150-300 | | 공업지역 | 전용공업 | 〃 | 〃 |
| | | 일반공업 | 70 | 200-350 | | | 일반공업 | 〃 | 〃 |
| | | 준공업 | 70 | 200-400 | | | 준공업 | 〃 | 〃 |
| | 녹지지역 | 보전녹지 | 20 | 50-80 | | 녹지지역 | 보전녹지 | 〃 | 〃 |
| | | 생산녹지 | 20 | 50-100 | | | 생산녹지 | 〃 | 〃 |
| | | 자연녹지 | 20 | 50-100 | | | 자연녹지 | 〃 | 〃 |
| 준도시지역 | | | 60 | 200 이하 | 관리지역 | | 계획관리 | 40 | 50-100 |
| | | | | | | | 생산관리 | 20 | 50-80 |
| 준농림지역 | | | 40 | 80 이하 | | | 보전관리 | 20 | 50-80 |
| 농림지역 | | | 60 | 400 이하 | 농림지역 | | | 20 | 50-80 |
| 자연환경보전지역 | | | 40 | 80 이하 | 자연환경보전지역 | | | 20 | 50-80 |

※ 세부범위는 도시계획조례로 정함

### [2] 용도지구

"용도지구"는 토지의 이용 및 건축물의 용도·건폐율·용적률·높이 등에 대한 **용도지역의 제한을 강화 또는 완화**하여 적용함으로써 **용도지역의 기능을 증진**시키고 미관·경관·안전 등을 도모하기 위하여 도시·군관리계획으로 결정하는 지역을 말한다.

도시 내 지역별 기능이나 특성에 따라 경관지구, 미관지구, 고도지구 등 10개 지구가 있으며, 지구는 지역과는 달리 토지마다 반드시 지정하여야 하는 것은 아니다. 경관·미관·특정용도제한지구는 지역 실정에 맞게 시·도 조례로 세분하여 용도지구 명칭 및 지정목적, 행위제한 사항 등을 정하여 도시·군관리계획으로 결정할 수 있다. 시·도 조례로 용도지구를 신설할 수 있으나, 당해 용도지역·용도구역의 행위제한을 완화하는 용도지구를 신설할 수는 없고, 행위제한을 강화하는 용도지구 신설만 허용된다.

용도지구의 지정, 변경은 용도지역의 지정, 변경 절차와 동일하다. 국토교통부장관, 시·도지사, 시장 또는 군수가 계획을 수립할 수 있다. 계획에 대한 결정은 국토교통부장관, 시·도지사, 대도시(50만 이상) 시장이 할 수 있다. 지정 절차는 도시·군관리계획 결정 절차를 따른다. 용도지구는 용도지역과 달리 2 이상의 지구를 중복하여 지정할 수 있다. 용도지역은 1가지만 가능하다.

〈국토의 계획 및 이용에 관한 법률 제37조(용도지구의 지정) : 1~10
국토의 계획 및 이용에 관한 법률 시행령 제31조(용도지구의 지정)〉

| 1. 경관지구 | | 경관의 보전 · 관리 및 형성 |
|---|---|---|
| 시행령 | 자연경관지구 | 산지 · 구릉지 등 자연경관을 보호 · 유지 |
| | 시가지경관지구 | 주거지, 중심지 등 시가지의 경관을 보호 · 유지 · 형성 |
| | 특화경관지구 | 주요 수계의 수변, 문화적 보존 가치가 큰 건축물 주변 등 특별한 경관 보호 · 유지 · 형성 |
| 2. 고도지구 | | 쾌적한 환경 조성, 토지의 효율적 이용을 위해 건축물 높이의 최고한도 규제 |
| 3. 방화지구 | | 화재의 위험 예방 |
| 4. 방재지구 | | 풍수해, 산사태, 지반의 붕괴, 그 밖의 재해 예방 |
| 시행령 | 시가지방재지구 | 건축물 · 인구가 밀집된 지역으로서 시설 개선 등 통해 재해 예방 |
| | 자연방재지구 | 토지이용도 낮은 해안변, 하천변, 급경사지 주변 등을 건축 제한 등 통해 재해 예방 |
| 5. 보호지구 | | 문화재, 중요 시설물 및 문화 · 생태적으로 보존 가치가 큰 지역의 보호 · 보존 |
| 시행령 | 역사문화환경보호지구 | 문화재 · 전통사찰 등 역사 · 문화적으로 보존 가치가 큰 시설 및 지역 보호 · 보존 |
| | 중요시설물보호지구 | 중요 시설물의 보호와 기능의 유지 · 증진 등 |
| | 생태계보호지구 | 야생동식물 서식처 등 생태적으로 보존 가치가 큰 지역의 보호 · 보존 |
| 6. 취락지구 | | 녹지지역 · 관리지역 · 농림지역 · 자연환경보전지역 · 개발제한구역 · 도시자연공원구역의 취락을 정비 |
| 시행령 | 자연취락지구 | 녹지지역 · 관리지역 · 농림지역 · 자연환경보전지역 안의 취락을 정비 |
| | 집단취락지구 | 개발제한구역 안의 취락을 정비 |

| 7. 개발진흥지구 | | 주거 · 상업 · 공업 · 유통물류 · 관광 · 휴양 기능 등을 집중적으로 개발 · 정비 |
|---|---|---|
| 시<br>행<br>령 | 주거개발진흥지구 | 주거기능을 중심으로 개발 · 정비 |
| | 산업 · 유통개발진흥지구 | 공업기능 및 유통 · 물류 기능을 중심으로 개발 · 정비 |
| | 관광 · 휴양개발진흥지구 | 관광 · 휴양 기능을 중심으로 개발 · 정비 |
| | 복합개발진흥지구 | 주거, 공업, 유통 · 물류, 관광 · 휴양 중 2 이상의 기능을 중심으로 개발 · 정비 |
| | 특정개발진흥지구 | 주거, 공업, 유통 · 물류, 관광 · 휴양 기능 외의 기능을 중심으로 특정한 목적을 위하여 개발 · 정비 |
| 8. 특정용도제한지구 | | 주거 및 교육 환경 보호나 청소년 보호 등의 목적으로 오염물질 배출시설, 청소년 유해시설 등 특정시설의 입지를 제한 |
| 9. 복합용도지구 | | 지역의 토지이용 상황, 개발 수요 및 주변 여건 등을 고려하여 효율적이고 복합적인 토지이용을 도모하기 위하여 특정시설의 입지를 완화 |
| 10. 그 밖에 대통령령으로 정하는 지구 | | |

## 용도지구 지정현황

(단위 : km²)

| 도시명 | 합계 | 자연 경관 지구 | 시가지 경관지구 | 특화 경관 지구 | 고도 지구 | 방화 지구 | 시가지 방재지구 | 자연 방재 지구 | 역사 문화 환경 보호 지구 | 중요 시설물 보호 지구 | 생태계 보호지구 | 자연 취락 지구 | 집단 취락 지구 | 주거 개발 진흥 지구 | 산업 유통 개발 진흥 지구 | 관광 휴양 개발 진흥 지구 | 복합 개발 진흥 지구 | 특정 개발 진흥 지구 | 특정 용도 제한 지구 | 복합 용도 지구 | 조례로 정하는 지구 |
|---|---|---|---|---|---|---|---|---|---|---|---|---|---|---|---|---|---|---|---|---|---|
| 서울특별시 | 92.5 | 12.4 | 0.2 | 3.8 | 9.2 | 3.4 | 0.0 | 0.0 | 0.6 | 59.5 | 0.0 | 0.0 | 0.5 | 0.0 | 0.5 | 0.0 | 0.0 | 2.4 | 0.0 | 0.0 | 0.0 |
| 부산광역시 | 30.2 | 0.1 | 0.9 | 0.3 | 1.4 | 20.0 | 0.0 | 0.0 | 0.0 | 5.6 | 0.0 | 0.3 | 0.1 | 0.0 | 0.0 | 0.0 | 0.0 | 0.0 | 0.0 | 0.0 | 1.4 |
| 대구광역시 | 64.2 | 0.1 | 3.3 | 0.0 | 43.5 | 13.0 | 0.0 | 0.0 | 0.1 | 0.1 | 0.0 | 3.2 | 0.5 | 0.0 | 0.0 | 0.0 | 0.0 | 0.1 | 0.0 | 0.0 | 0.0 |
| 인천광역시 | 153.6 | 1.6 | 1.7 | 0.5 | 1.7 | 8.7 | 0.0 | 0.0 | 100.8 | 32.4 | 0.0 | 3.4 | 0.3 | 0.2 | 0.0 | 0.0 | 0.0 | 0.0 | 0.0 | 0.0 | 0.0 |
| 광주광역시 | 16.2 | 0.0 | 4.7 | 2.5 | 0.0 | 7.5 | 0.0 | 0.0 | 0.1 | 0.0 | 0.0 | 1.3 | 0.2 | 0.0 | 0.0 | 0.0 | 0.0 | 0.0 | 0.0 | 0.0 | 0.0 |
| 대전광역시 | 11.5 | 0.0 | 1.5 | 0.2 | 0.0 | 3.3 | 0.0 | 0.0 | 0.1 | 0.2 | 0.0 | 4.4 | 0.6 | 0.0 | 0.0 | 0.0 | 0.0 | 0.0 | 0.8 | 0.0 | 0.0 |
| 울산광역시 | 21.1 | 0.0 | 0.8 | 1.2 | 1.4 | 0.3 | 0.0 | 0.0 | 0.6 | 7.3 | 0.0 | 8.4 | 1.1 | 0.0 | 0.0 | 0.0 | 0.0 | 0.0 | 0.0 | 0.0 | 0.0 |
| 세종특별자치시 | 19.8 | 0.0 | 6.2 | 4.4 | 0.0 | 0.0 | 0.0 | 0.0 | 0.0 | 0.0 | 0.0 | 5.3 | 0.1 | 1.1 | 1.0 | 0.0 | 0.0 | 0.3 | 0.0 | 0.0 | 0.0 |

| 구분 | | | | | | | | | | | | | | | | | | | | | |
|---|---|---|---|---|---|---|---|---|---|---|---|---|---|---|---|---|---|---|---|---|---|
| 경기도 | 364.5 | 9.0 | 23.9 | 19.2 | 59.9 | 10.6 | 0.0 | 0.1 | 4.0 | 12.0 | 1.0 | 84.2 | 5.7 | 26.9 | 20.7 | 17.2 | 17.2 | 14.2 | 0.8 | 0.1 | 0.0 |
| 강원도 | 316.6 | 127.2 | 2.2 | 40.8 | 5.9 | 3.7 | 0.0 | 0.0 | 1.3 | 3.8 | 0.0 | 24.6 | 0.0 | 8.2 | 10.1 | 3.1 | 3.1 | 0.4 | 0.3 | 0.0 | 0.0 |
| 충청북도 | 238.0 | 13.8 | 2.2 | 120.2 | 3.1 | 2.9 | 0.0 | 0.0 | 1.5 | 6.6 | 9.1 | 31.7 | 0.1 | 12.9 | 16.6 | 0.4 | 0.4 | 1.4 | 0.1 | 0.0 | 0.0 |
| 충청남도 | 116.8 | 18.5 | 2.8 | 1.7 | 1.3 | 1.8 | 0.0 | 0.0 | 6.7 | 3.5 | 0.0 | 14.2 | 0.0 | 10.2 | 23.5 | 0.4 | 0.4 | 2.7 | 0.0 | 0.0 | 0.0 |
| 전라북도 | 182.9 | 1.3 | 8.3 | 13.9 | 13.2 | 8.5 | 0.0 | 0.0 | 0.6 | 3.0 | 1.8 | 104.5 | 0.0 | 3.0 | 8.3 | 0.6 | 0.6 | 0.3 | 0.3 | 0.0 | 0.0 |
| 전라남도 | 381.7 | 52.9 | 2.2 | 18.2 | 11.3 | 5.0 | 2.3 | 0.2 | 1.4 | 7.8 | 7.6 | 209.8 | 0.3 | 9.7 | 8.5 | 0.7 | 0.7 | 0.9 | 0.0 | 0.0 | 0.0 |
| 경상북도 | 208.2 | 4.0 | 3.5 | 18.0 | 13.3 | 0.5 | 0.0 | 0.1 | 16.5 | 7.7 | 0.0 | 72.1 | 0.1 | 29.4 | 11.8 | 1.1 | 1.1 | 1.2 | 0.0 | 0.0 | 0.0 |
| 경상남도 | 188.8 | 4.3 | 12.8 | 2.2 | 5.0 | 3.8 | 0.0 | 0.0 | 2.2 | 3.8 | 8.5 | 91.4 | 0.3 | 20.7 | 10.9 | 1.5 | 1.5 | 0.2 | 0.7 | 0.0 | 0.0 |
| 제주특별자치도 | 136.5 | 11.0 | 4.6 | 6.8 | 55.4 | 7.3 | 0.0 | 0.0 | 0.3 | 0.1 | 0.0 | 45.3 | 0.0 | 0.0 | 0.0 | 0.0 | 0.0 | 0.0 | 0.2 | 0.0 | 0.0 |

※ 출처 : 국토교통부, 2022 도시계획현황

## [3] 용도구역

용도구역은 용도지역 및 용도지구의 제한을 강화 또는 완화하여 따로 정함으로써 시가지의 무질서한 확산방지, 계획적이고 단계적인 토지이용의 도모, 토지이용의 종합적 조정·관리를 위하여 도시·군관리계획으로 결정하는 지역을 말한다. **국토교통부장관(수산자원보호구역은 해양수산부장관)이 직접 결정·관리한다. 구역별, 각각의 개별법에 의해 관리된다.**

### 1. 용도구역의 구분

| 구역명 | 지정목적 |
|---|---|
| 개발제한구역 | 「개발제한구역법」<br>무질서한 시가화를 방지하고 계획적, 단계적 도시개발 도모 |
| 시가화<br>조정구역 | 「국토의 계획 및 이용에 관한 법률」<br>도시의 무질서한 확산방지와 도시 주변 자연환경 보전수 |
| 수산자원<br>보호구역 | 「수산자원관리법」<br>수산자원의 보호·육성 |
| 도시자연<br>공원구역 | 「도시공원법」<br>도시의 자연환경 및 경관을 보호하고 도시민에게 건전한 여가·휴식 공간을 제공 |
| 입지규제<br>최소지역 | 「국토의 계획 및 이용에 관한 법률」<br>도심 내 쇠퇴한 주거지역 등을 복합기능을 갖춘 지역으로 개발하기 위해 규제를 적용받지 않는 제도 |

## 2. 용도구역 지정현황

(단위 : ㎢)

| 개발제한구역 | | 시가화<br>조정구역 | | 수산자원<br>보호구역 | | 도시자연<br>공원구역 | | 입지규제<br>최소구역 | |
|---|---|---|---|---|---|---|---|---|---|
| 개소 | 면적 | 개소 | 면적 | 개소 | 면적 | 개소 | 면적 | 개소 | 면적 |
| 90 | 3,792.7 | 5 | 1.01 | 66 | 2,831.6 | 238 | 343.3 | 5 | 0.19 |

※ 출처 : 국토해양부, 2022 도시계획현황

# 03

# 지가, 주택가, 건물가의 공시

## 부동산 가격공시에 관한 법률

**제2장 지가의 공시**
**제3조(표준지공시지가의 조사 · 평가 및 공시 등)** ☞ **국토부장관**
**제9조(표준지공시지가의 효력)**
표준지공시지가는 토지시장에 지가정보를 제공하고 일반적인 토지거래의 지표가 되며, 국가 · 지방자치단체 등이 그 업무와 관련하여 지가를 산정하거나 감정평가 법인 등이 개별적으로 토지를 감정평가하는 경우에 기준이 된다.

**제10조(개별공시지가의 결정 · 공시 등)**
① **시장, 군수 또는 구청장은** 국세, 지방세 등 각종 세금의 부과, 그 밖의 다른 법령에서 정하는 목적을 위한 지가산정에 사용되도록 하기 위하여 제25조에 따른 시 · 군 · 구 부동산가격공시위원회의 심의를 거쳐 매년 공시지가의 공시기준일 현재 관할 구역 안의 개별토지의 단위면적당 가격(이하 "개별공시지가"라 한다)을 결정 · 공시하고, 이를 관계 행정기관 등에 제공하여야 한다.

**제3장 주택가격의 공시**
**제16조(표준주택가격의 조사 · 산정 및 공시 등)** ☞ **국토부장관**
**제17조(개별주택가격의 결정 · 공시 등)**
① **시장, 군수 또는 구청장은** 제25조에 따른 시 · 군 · 구 부동산가격공시위원회의 심의를 거쳐 매년 표준주택가격의 공시기준일 현재 관할 구역 안의 개별주택의 가격(이하 "개별주택가격"이라 한다)을 결정 · 공시하고, 이를 관계 행정기관 등에 제공하여야 한다.

**제18조(공동주택가격의 조사 · 산정 및 공시 등)**
① **국토교통부장관**은 공동주택에 대하여 매년 공시기준일 현재의 적정가격(이하 "공동주택가격"이라 한다)을 조사 · 산정하여 제24조에 따른 중앙부동산가격공시위원회의 심의를 거쳐 공시하고, 이를 관계 행정기관 등에 제공하여야 한다. 다만, 대통령령으로 정하는 바에 따라 국세청장이 국토교통부장관과 협의하여 공동주택가격을 별도로 결정 · 고시하는 경우는 제외한다.

**제19조(주택가격 공시의 효력)**
① 표준주택가격은 국가 · 지방자치단체 등이 그 업무와 관련하여 개별주택가격을 산정하는 경우에 그 기준이 된다.
② 개별주택가격 및 공동주택가격은 주택시장의 가격정보를 제공하고, 국가 · 지방자치단체 등이 과세 등의 업무와 관련하여 주택의 가격을 산정하는 경우에 그 기준으로 활용될 수 있다.

위의 법에서 보듯이 지가와 주택가격은 법에서 표준지공시지가, 표준주택가격, 공동주택가격은 국토부장관의 주관하에 산정 공시하도록 명시하고 있다. 아울러 개별공시지가와 개별주택가격의 경우, 시장 · 군수 또는 구청장이 결정하여 공시하도록 명시하고 있다.

주택의 공시가격의 경우, 토지와 건물의 가격이 합산된 가격이며, 주택 이외의 건물은 건물만의 가격을 의미한다. 재산세를 납부할 때도, 주택의 경우 "토지+건물"의 가격을 2회에 걸쳐 납부하고, 주택 이외의 부동산의 경우 토지분과 건물분을 각각 과세, 각각 납부한다. 토지와 주택의 경우, 법과 실제 사용하는 용어가 동일하게 적용되어 헷갈리는 경우가 없다.

다만, 비주거용 건축물의 경우, 기준법에서는 표준부동산가격, 개별부동산가격, 집합부동산가격이라고 부르지만, 실제로는 "기준시가" 또는 "시가표준액"이라고 부른다. "기준시가"는 국세와 관련된 징수를 위해서 국세청에서 사용하는 용어이고, "시가표준액"은 지방세 납부를 위해서 관할 지자체에서 사용하는 용어이다. 용어만 다를 뿐 의미하는 내용은 동일하다.

---

**부동산 가격공시에 관한 법률**

**제4장 비주거용 부동산가격의 공시**
**제20조**(비주거용 표준부동산가격의 조사·산정 및 공시 등)
① 국토교통부장관은 용도지역, 이용상황, 건물구조 등이 일반적으로 유사하다고 인정되는 일단의 비주거용 일반부동산 중에서 선정한 비주거용 표준부동산에 대하여 매년 공시기준일 현재의 적정가격(이하 "비주거용 표준부동산가격"이라 한다)을 조사·산정하고, 제24조에 따른 중앙부동산가격공시위원회의 **심의를 거쳐 이를 공시할 수 있다.**

**제21조**(비주거용 개별부동산가격의 결정, 공시 등)
① 시장·군수 또는 구청장은 제25조에 따른 시군구 부동산가격공시위원회의 심의를 거쳐 매년 비주거용 표준부동산가격의 공시기준일 현재 관할 구역 안의 비주거용 개별부동산의 가격(이하 "비주거용 개별부동산가격"이라 한다)을 결정·공시할 수 있다. 다만, **대통령령으로 정하는 바에 따라 행정안전부장관 또는 국세청장이 국토교통부장관과 협의하여 비주거용 개별부동산의 가격을 별도로 결정·고시하는 경우는** 제외한다.

**제22조**(비주거용 집합부동산가격의 조사·산정 및 공시 등)
① 국토교통부장관은 비주거용 집합부동산에 대하여 매년 공시기준일 현재의 적정가격(이하 "비주거용 집합부동산가격"이라 한다)을 조사, 산정하여 제24조에 따른 중앙부동산가격공시위원회의 심의를 거쳐 공시할 수 있다. 이 경우 시장·군수 또는 구청장은 비주거용 집합부동산가격을 결정·공시한 경우에는 이를 관계 행정기관 등에 제공하여야 한다.
② 제1항에도 불구하고 대통령령으로 정하는 바에 따라 **행정안전부장관** 또는 **국세청장이 국토교통부장관과 협의하여 비주거용 집합부동산의 가격을 별도로 결정·고시하는 경우**에는 해당 비주거용 집합부동산의 비주거용 개별부동산가격을 결정·공시하지 아니한다.

**제23조**(비주거용 부동산 가격공시의 효력)
① 제20조에 따른 비주거용 표준부동산가격은 국가, 지방자치단체 등이 그 업무와 관련하여 비주거용 개별부동산가격을 산정하는 경우에 그 기준이 된다.
② 제21조 및 제22조에 따른 비주거용 개별부동산가격 및 비주거용 집합부동산가격은 비주거용 부동산 시장에 가격정보를 제공하고, 국가·지방자치단체 등이 과세 등의 업무와 관련하여 비주거용 부동산의 가격을 산정하는 경우에 그 기준으로 활용될 수 있다.

비주거용 부동산(건물)의 경우, 국토부장관이 심의를 거쳐서 공시할 수 있다고 명시를 하고 있다. "할 수 있다"는 표현이 있을 뿐, 국토부장관은 실제 표준부동산가격의 조사와 산정 공시를 하지 않는다. 다만, 대통령령으로 정하는 바에 따라 **행정안전부장관(지방자치단체장, 시가표준액) 및 국세청장(건물기준시가)이 별도로 결정·고시**하고 있다.

**건물기준시가**는 소득세법 제99조 제1항 제1호 나목, 상속세 및 증여세법 제61조 제1항 제2호에 따라 고시된다. 건물(「부동산 가격공시에 관한 법률」 및 「소득세법」, 「상속세 및 증여세법」 등의 위임에 따라 토지와 건물의 가액을 일괄하여 산정·고시한다. 기준시가는 「건물의 신축가격·구조·용도·위치·신축연도 등을 참작하여 매년 1회 이상 국세청장이 산정·고시하는 가액」으로 한다.

**시가표준액** 산정의 법적 근거는 「지방세법」 제4조 제2항에 있다. 시가 그 자체는 아니지만 취득세, 재산세 등 세목별 과세표준의 기준이 되는 물건의 적정가액으로서 지방자치단체의 장이 결정·고시한 가액을 말한다.

---

**국세청 건물기준시가 계산방법 고시**
**국세청 고시 제2021-59호**

**제1조(목적)**
이 고시는 「상속세 및 증여세법」 제61조 제1항 제2호와 「소득세법」 제99조 제1항 제1호 나목에서 **국세청장에게 위임한 건물에 대한 기준시가 산정**방법에 대한 전반적인 사항을 정함을 목적으로 한다.

**제2조(정의)**
① 이 고시에서 사용하는 용어의 정의는 다음과 같다.
1. "건물기준시가"란 「상속세 및 증여세법」과 「소득세법」에 따른 건물기준시가를 말한다.

② 이 고시에서 특별히 정하는 용어를 제외하고는 「건축법」과 같은 법 시행령에서 정하는 바에 따른다.

제3조(적용범위)
① 건물기준시가 계산방법은 「건축법 시행령」 별표 1의 "용도별 건축물의 종류"에서 공공업무시설(제1종 근린생활시설 중 공공업무시설 등을 포함), 교정 및 군사 시설을 제외한 모든 용도의 건물(무허가건물을 포함한다)에 대하여 적용한다. 다만, 「부동산 가격공시에 관한 법률」제17조 및 제18조와 「소득세법」 제99조 제1항 제1호 다목, 「상속세 및 증여세법」 제61조 제1항 제3호에 따라 토지와 건물의 가액을 일괄하여 산정·공시(또는 고시)한 개별주택, 공동주택, 오피스텔 및 상업용 건물의 경우에는 이를 적용하지 아니한다.
② 건물기준시가는 건물가격만을 말하며, 건물 부속토지의 가격과 영업권 등 각종 권리의 가액은 포함되지 아니한 것으로 한다.

### 지방세법 제4조(부동산 등의 시가표준액)

① 이 법에서 적용하는 **토지 및 주택에 대한 시가표준액은** 「부동산 가격공시에 관한 법률」**에 따라 공시된 가액(價額)으로 한다.** 다만, 개별공시지가 또는 개별주택가격이 공시되지 아니한 경우에는 특별자치시장, 특별자치도지사, 시장, 군수 또는 구청장(자치구의 구청장을 말한다. 이하 같다)이 같은 법에 따라 국토교통부장관이 제공한 토지가격비준표 또는 주택가격비준표를 사용하여 산정한 가액으로 하고, 공동주택가격이 공시되지 아니한 경우에는 대통령령으로 정하는 기준에 따라 특별자치시장, 특별자치도지사, 시장, 군수 또는 구청장이 산정한 가액으로 한다.
② **제1항 외의 건축물**(새로 건축하여 건축 당시 개별주택가격 또는 공동주택가격이 공시되지 아니한 주택으로서 토지 부분을 제외한 건축물을 포함한다) 선박, 항공기 및 그 밖의 과세 대상에 대한 시가표준액은 거래가격, 수입가격, 신축, 건조, 제조가격 등을 고려하여 정한 기준가격에 종류, 구조, 용도, 경과연수 등 과세 대상별 특성을 고려하여 대통령령으로 정하는 기준에 따라 **지방자치단체의 장이 결정한 가액으로 한다.**
③ 행정안전부장관은 제2항에 따른 시가표준액의 적정한 기준을 산정하기 위하여 조사·연구가 필요하다고 인정하는 경우에는 대통령령으로 정하는 관련 전문기관에 의뢰하여 이를 수행하게 할 수 있다.
④ 제1항과 제2항에 따른 시가표준액의 결정은 「지방세기본법」 제147조에 따른 지방세심의위원회에서 심의한다.

# 04

# 간이과세자의 부가가치세

> **법령해석사례 안건번호15-0523 회신일자 2016-01-18**
> 간이과세자인 공인중개사가 법정 중개보수와
> 별도로 부가가치세를 받을 수 있는지

따라서, 간이과세자의 경우에는 「부가가치세법」상 일반과세자와 같이 부가가치세를 소비자에게 직접 징수할 수 있도록 규정되어 있지 아니하더라도, 부가가치세를 사실상 누가 부담하며 어떻게 전가할 것인지의 문제는 사적 자치가 허용되는 영역으로 거래당사자의 약정 또는 거래관행 등에 의하여 결정될 사항이고(헌법재판소 2000. 3. 30. 결정 98헌바7 결정례 참조), 부가가치세의 **실제 담세자는 최종소비자라는 부가가치세의 원리에 따라 간이과세자인 개업공인중개사도 사인 간의 약정을 통해 부가가치세 상당액을 소비자에게 요구할 수 있다**고 할 것입니다.

이러한 법정 중개보수에는 그에 따르는 부가가치세까지를 포함하고 있는 것은 아니라고 할 것인 바(법제처 2006. 9. 25. 회신 06-0211 해석례 참조), 개업공인중개사가 간이과세자인지, 일반과세자인지 여부와 관계 없이 법정 중개보수는 부가가치세가 제외된 금액이라고 할 것입니다.

또한, 「부가가치세법」 제63조 제1항에서는 "공급대가"를 간이과세자의 과세표준으로 규정하고 있는데, 이는 주로 소규모 영세사업자로 구성된 간이과세자의 간편한 납세액 산정을 위한 과세기준인 것이지, **간이과세자가 수령하는 모든 "대가"를 예외 없이 부가가치세가 포함된 "공급대가"로 보려는 취지는 아니라고 할 것입니다.** 만약, 간이과세자가 수령하는 "대가"를 모두 "공급대가"로 판단하여 일반과세자와 달리 간이과세자에 해당하는 개업공인중개사가 수령하는 법정 중개보수에 이미 부가가치세가 포함된 것으로 보게 된다면, 결과적으로 일반과세자보다 영세한 간이과세자인 개업공인중개사는 일반과세자인 개업공인중개사보다 더 적은 중개보수를 수령하여야 하는 불공평한 상황이 발생할 수 있다는 것도 이 사안을 판단할 때 고려하여야 할 것입니다.

이상과 같은 점을 종합해 볼 때, 「공인중개사법」 제33조 제3호에 위반되는지 여부는 별도의 기준 및 약정에 따라 수령한 부가가치세 상당액을 제외하고 판단하여야 할 것인 바, 「부가가치세법」 제61조 제1항에 따른 간이과세자에 해당하는 개업공인중개사가 법정 중개보수와는 별도로 부가가치세를 수령하여 그 둘을 합산한 금액이 법정 중개보수를 초과하더라도, 그 부가가치세를 제외한 금액이 법정 중개보수를 초과하지 않는 경우에는 「공인중개사법」 제33조 제3호에 위반되지 않는다고 할 것입니다.

## 맺음말

맺음말은 없다.

배움에 끝이 없듯, 이 책을 계속 더 채워나갈 것이다. 이 책에서 부족한 부분은 계속 채워서 자료를 제공할 예정이니 필요한 독자들은 내가 운영하는 네이버 카페와 유튜브를 참조해주기 바란다.

이 책을 통해 계약서의 문구 하나, 특약 한 줄이 얼마나 중요한가에 대해서 느꼈을 것이다. 부동산 거래를 보다 명확하고 안전하게 해주는 공인중개사, 고객에게 신뢰를 얻고 항상 자신감 넘치는 공인중개사가 되었으면 하는 바람이다.

나는 아직 배가 고프다.

2024년 7월

방구대장 **정광주**

CAN'T